U0851536

# 新税法下
# 企业纳税筹划与风险防控

李海鹏◎编著

中国铁道出版社有限公司
CHINA RAILWAY PUBLISHING HOUSE CO., LTD.

**图书在版编目（CIP）数据**

新税法下企业纳税筹划与风险防控 / 李海鹏编著 . — 北京：中国铁道出版社有限公司，2020.6（2021.10 重印）
ISBN 978-7-113-26524-3

Ⅰ. ①新… Ⅱ. ①李… Ⅲ. ①企业管理 - 税收筹划 - 研究 - 中国 ②企业管理 - 税收管理 - 风险管理 - 研究 - 中国 Ⅳ. ① F812.423

中国版本图书馆 CIP 数据核字（2020）第 002308 号

**书　　名：**新税法下企业纳税筹划与风险防控
**作　　者：**李海鹏

---

**责任编辑：**马慧君　**编辑部电话：**（010）51873005　**电子邮箱：**zzmhj1030@163.com
**封面设计：**刘　莎
**责任校对：**王　杰
**责任印制：**赵星辰

---

**出版发行：**中国铁道出版社有限公司（100054，北京市西城区右安门西街 8 号）
**网　　址：**http：//www.tdpress.com
**印　　刷：**三河市宏盛印务有限公司
**版　　次：**2020 年 6 月第 1 版　2021 年 10 月第 6 次印刷
**开　　本：**700 mm × 1 000 mm 1/16　印张：16　字数：218 千
**书　　号：**ISBN 978-7-113-26524-3
**定　　价：**58.00 元

---

# 序

税收是国家财政收入的主要来源，通过税收国家可以对国民经济进行合理有效的宏观调控，保障社会经济平稳有序的发展。

税收的征收需要依据国家法律法规进行，不能随意变更、盲目征收。另外，随着经济的发展，税法也需要与时俱进，这样才能确保税收征收合理有效地进行，更好地发挥税收的各种职能。

早在改革开放初期，我国便已经开启税制改革。近年来，随着我国经济的迅速发展，以及加入WTO后的一些新变化，税制改革开始进一步向纵深发展。从1978年的500多亿元，到2019年的15.8万亿元，中国税收收入的增长很大程度上得益于不断深化的税制改革。

1980年的税制改革主要是为了适应对外开放的需要，1983年和1984年的两次“利改税”更是将中国税制改革引入全面发展阶段。

1994年的税制改革作为新中国成立以来规模最大、范围最广、程度最深的一次改革，初步建立了财政收入稳定增长的机制，税收开始正式成为财政收入的主要来源。在此后1998年的税收法制建设中，政府加强了对税收的征管工作。

进入21世纪，“营改增”引领我国新一轮税制改革步入“深水区”。从2011年，财政部、国家税务总局联合下发营业税改征增值税试点方案；到2012年1月1日，上海在交通运输业和部分现代服务业开展“营改增”试点；再到2016年5月1日，全国首张增值税专用发票开出，实行了66年的营业税就此正式退出了中国税收的大舞台。

目前，增值税改革依然在不断深化发展，2019年3月20日，财政部、国家税务总局和海关总署联合印发《关于深化增值税改革有关政策的公告》，规定从4月1日起，降低部分行业的增值税税率。其中，将制造业等16%的增值税税率降为13%，将交通运输业10%的增值税税率降为9%，6%一档税率则保持不变。同时，进项税抵扣的范围也得到进一步扩大，其他生产、生活性服务业进项税额则可以加计抵减。

除了增值税改革在如火如荼地进行，我国的个人所得税改革也在稳步推进中，其他像契税、资源税、消费税、房产税、印花税等税种的立法工作也在扎实迈进。国地税机构的合并、地方税体系的完善，这些都是中国税制改革的前沿热点。

税收能力是国家治理能力的重要支撑，税制改革的不断深化不仅能为企业减轻税负压力，促进社会经济发展，同时也会推动国家治理能力的提升，这是建设社会主义现代化国家的重要保障。

税制改革对于国家发展的意义是深远的，对于企业发展的重要性更是非同寻常的。如何在税制改革过程中更多地获取税制改革的红利，是当前大多数企业所关注的重点问题。

纳税筹划作为合理合法的“节税”手段，是企业减轻税收负担的重要手段。在税收政策不变的情况下，合理有效的纳税筹划能够帮助企业更好地享受税收红利。但当税收政策变化时，如果企业不及时调整纳税筹划手段，就很容易触碰到税收政策的底线,从而引发不必要的税务风险。

伴随着中国税制改革的深入推进，一些纳税筹划手段显然不再适用。一些新的税收优惠政策的出台，也为企业提供了许多新的纳税筹划思路。正是这种现实形势的变化，才促使我们推出了这本《新税法下企业纳税筹划与风险防控》。

在本书中，我们有意淡化了税收的基础知识，而将更多笔墨用在了税收政策的新变化以及纳税筹划的新方法上。根据税收政策的新变化，我们对旧有的纳税筹划手段进行了甄别，将那些不再适应新政策，容易引发税务风险的筹划手段剔除。同时，根据一些新的税收优惠政策，为读者提供了一些新的纳税筹划思路。

需要指出的是，当前我国的一些税收政策仍在不断变化之中，本书中所提到的纳税筹划方法，很可能会因为新税收政策的出台而不再适用。对于这一点，读者应该结合新的税收政策加以甄别,我们也会根据税收政策的新变化，及时推出更具有时效性的同类型图书。

当然，如果本书中存在一些错误，也欢迎读者批评指正，我们会认真听取建议，力求将此类图书做得更好。

# 目 录

# CONTENTS

## 第一部分　税法基础

## 第二部分 纳税筹划

# 第三部分 企业税务风险防控

# 第一部分

# 税法基础

# 第 1 章　税收概述

## 1.1　税　　收

### 1.1.1　税收的历史与本质

1. 税收的历史

税收是一个古老的经济现象，从国家产生开始，就出现了为保证国家实现其职能的财政问题，税收也就随之而来。在我国，最早出现的税收雏形是夏朝的“贡”，也就是臣属向君王进献的物品。虽然当时臣属必须履行这个义务，但是并没有严格的法律规定“贡”的种类、数量，而缴纳时间及方式全凭臣属的意愿。伴随着国家的发展，各种开支的增加，自愿进贡已经无法满足国家的日常需求，于是便开始了专制征税的历史。

到了西周时期，人们将征收军事物资称“赋”，将征收土产物资称“税”。春秋后期，赋和税开始统一按照田亩征收。有典籍可查的对土地产物实行征税的最早记录，可追溯到公元前 594 年鲁国实行的“初税亩”，也就是根据平均产量对土地征税。后来，“税”和“赋”常常并用，逐渐融为一体，统称为赋税。

在 2 000 多年的封建社会里，我国的税收制度一直停留在古老而简单的直接税阶段，直到进入现代社会，间接税才开始登上历史舞台，并成为我国税收的主要部分。间接税和直接税的占比多少，不是衡量一个国家税收制度优劣的唯一标准，相对来说，将税收“用之于民，造福于民”才是重点。

税收是国家（政府）公共财政最主要的收入形式和来源，它取之于广大纳税人，最终又通过国家公共财政的支出回馈于纳税人。税收是实现社会收入再分配的重要手段。

2. 税收的本质

税收的本质是国家为满足社会公共需要，凭借公共权力，按照法律所规定的标准和程序，参与国民收入分配，强制取得财政收入所形成的一种特殊分配关系。它体现了一定社会制度下国家与纳税人在征收、纳税的利益分配上的一种特定分配关系。跟其他分配方式相比，税收具有强制性、无偿性和固定性的特征。

税收的强制性是指国家以社会管理者的身份，凭借其政权力量，依据政治权力，通过颁布法律或政令来进行强制征收。负有纳税义务的所有纳税人，都必须严格遵守国家的税收法令，按时足额交纳税款，否则就会受到法律的制裁。强制性体现在两个方面：一方面，税收分配关系的建立具有强制性；另一方面，税收的征收过程具有强制性。

税收的无偿性是税收本质的体现，是指国家将纳税人的一部分收入转归国家所有后，无须向纳税人支付任何报酬或代价。无偿性也体现在两个方面：一方面是指政府获得税收收入后无需向纳税人直接支付任何报酬；另一方面是指政府征得的税收收入不再直接返还纳税人。当然，税收是公共财政收入的重要组成部分，以后必然会间接返还于民。税收的无偿性是区分税收收入和其他财政收入的重要特征。

税收的固定性是指税收必须按照国家法令规定的标准来征收，也就是纳税人、课税对象、税目、税率、计价办法和期限等，都是税收法令已经规定了的，征税和纳税双方都必须共同遵守，如果不是国家法令修订或调整，征纳双方都不得违背或改变这个固定的比例或数额以及其他制度规定。

### 1.1.2 税法

为了保证税收的顺利进行，国家规定了各种税收法规，总称为税法。税法为税收机关征税和纳税人纳税提供了法律依据。一般来说，主要的税收法律法规是由全国人民代表大会审议通过，公布实施；税收条例（草案）和征收办法，则由国务院常务会议审议通过，公布施行；税法的实施细则，由财政部根据税收基本法规作出解释和详细规定；如果是地方各税的征免和各税具体稽征管理制度，通常由省级人大常委会或省级人民政府规定。

税法由一些基本因素如纳税人、征税对象、税目、税率及其他因素（如纳税环节、纳税期限、减免税和违章处理）等构成。

1. 纳税人

纳税人，又称纳税义务人，也是纳税主体，是指法律规定的直接负有纳税义务的单位和个人，其有两种基本形式：自然人和法人。

2. 征税对象

征税对象，也叫课税对象、征税客体，是指对哪些客体征税，也就是征税的标的物。如消费税的征税对象是消费品（如烟、酒等）；房产税的征税对象就是房屋。

按征税对象，目前我国的税主要分为流转税、所得税、资源税、财产税、行为税五大类，共 18 个种（2018 年 1 月 1 日起施行环保税），分别是：增值税、消费税、企业所得税、个人所得税、资源税、城市维护建设税、房产税、印花税、城镇土地使用税、土地增值税、车船使用税、船舶吨税、车辆购置税、关税、耕地占用税、契税、烟叶税、环保税。

3. 税目

税目，是指对征税对象分类规定的具体的征税项目，反映具体的征税范围。设置税目是为了明确具体的征税范围（只有列入税目的才是应税项目，没有列入的不属于应税项目）及根据不同项目的利润水平和国家经济政策制定不同的税率。如消费税就设有烟、酒、成品油、高档化妆品等税目。

4. 税率

税率，是对征税对象的征收比例或征收额度，是计算税额的尺度，是衡量税负轻重的重要标志。我国现行的税率主要有比例税率、累进税率和定额税率三种。

（1）比例税率，是指按照固定比例确定的税率，不管征税对象数额的大小，只按一个固定比例去征税，如增值税、企业所得税等实行的是比例税率。

（2）累进税率，是指根据征税对象数额的多少去确定不同等级的税率，通常数额越大，税率越高，反之税率越低，如个人所得税税率的确定。

（3）定额税率又叫固定税率，是根据征税对象的计量单位直接规定应纳税额的税率形式。

5. 纳税环节

纳税环节是税法规定的应当纳税的环节，是纳税对象从生产到消费的流转过程中应当缴纳税款的环节。纳税环节解决的是征一道税，或是征两道税，还是道道征税以及确定在哪个环节征税的问题。

6. 纳税期限

纳税期限是纳税人向国家规定的缴纳税款的法定期限。我国现行税制的纳税期限有三种形式。

（1）按期纳税。根据纳税义务发生的时间，通过确定纳税间隔期实行按日纳税。如增值税的纳税期限分别核定为 1 日、3 日、5 日、10 日、15 日、1 个月或者 1 个季度。

（2）按次申报。根据纳税行为发生的次数确定纳税期限，如车辆购置税、耕地占用税。

（3）按年计征。实行分期预缴或缴纳，也就是按年度计算征收，分月或季度进行预缴或缴纳，如企业所得税就是按照规定的期限预缴，到年度结束后实行汇算清缴，多退少补。

7. 减免税

减税、免税，是指税法减少或者免除税负的规定。减税是指对应纳税额减征一部分税款；免税是指对应纳税额全部免征。

这里需要注意：减免税跟税法中规定的起征点不同。起征点是指对征税对象征税的起点数额，当征税对象没有达到起征点时，是不征税的；达到或者超过起征点的，就其全部数额征税。此外，减免税也与税法中规定的免征额是不同的，免征额是指征税对象免于征税的数额，免征部分是不征税的，只对超出部分征税。

8. 违章处理

违章处理是指当纳税人违反税法规定时，采取处罚措施的规定。

国家税务总局是国务院主管税收工作的直属机构，负责制定全国税务系统信息化建设的总体规划、技术标准、技术方案与实施办法。目前，我们税收分别由财政、税务、海关等系统负责征收管理。

## 1.2 《中华人民共和国城市维护建设税法》解读

2020 年 8 月 11 日，第十三届全国人民代表大会常务委员会第二十一次会议通过《中华人民共和国城市维护建设税法》（以下简称《城市维护建设税法》），自 2021 年 9 月 1 日起施行。1985 年 2 月 8 日国务院发布的《中华人民共和国城市维护建设税暂行条例》同时废止。

《城市维护建设税法》延续了现行税制框架和征管模式，对部分机制进行了完善，将暂行条例上升为法律，征税范围和税率没有变化，不过将之前的“产品税”“营业税”进行了更新，变成了“增值税”“消费税”，纳税义务发生的时间也跟增值税、消费税一致，并与增值税、消费税同时缴纳。

《城市维护建设税法》第八条规定：

城市维护建设税的扣缴义务人为负有增值税、消费税扣缴义务的单位和个人，在扣缴增值税、消费税的同时扣缴城市维护建设税。

对于城市维护建设税的计税依据和减免税办法，之前的暂行条例规定：省、自治区、直辖市人民政府可以根据本条例，制定实施细则，并送财政部备案。但是，现在《城市维护建设税法》对其作了修改。

《城市维护建设税法》第二条第一款规定：

城市维护建设税以纳税人依法实际缴纳的增值税、消费税税额为计税依据。

《城市维护建设税法》第二条第三款规定：

城市维护建设税计税依据的具体确定办法，由国务院依据本法和有关税收法律、行政法规规定，报全国人民代表大会常务委员会备案。

之前关于增值税期末留抵税额退税退还的处理是以文件的形式明确的，但是现在是以法律的形式予以明确。这样的形式更加具有普适性。

《城市维护建设税法》第二条第二款规定：

城市维护建设税的计税依据应当按照规定扣除期末留抵退税退还的增值税税额。

《城市维护建设税法》第三条规定：

对进口货物或者境外单位和个人向境内销售劳务、服务、无形资产缴纳的增值税、消费税税额，不征收城市维护建设税。

另外，《城市维护建设税法》税率以法律形式予以明确。

《城市维护建设税法》第四条规定：

城市维护建设税税率如下：

（一）纳税人所在地在市区的，税率为百分之七；

（二）纳税人所在地在县城、镇的，税率为百分之五；

（三）纳税人所在地不在市区、县城或者镇的，税率为百分之一。

前款所称纳税人所在地，是指纳税人住所地或者与纳税人生产经营活动相关的其他地点，具体地点由省、自治区、直辖市确定。

城建税具体计算公式：

城建税应纳税额 =（依法实际缴纳的增值税税额 + 依法实际缴纳的消费税税额）× 适用税率

其中：

依法实际缴纳的增值税税额 = 纳税人依照增值税相关法律法规和税收政策规定计算应当缴纳的增值税税额 + 增值税免抵税额 – 直接减免的增值税税额 – 留抵退税额

依法实际缴纳的消费税税额 = 纳税人依照消费税相关法律法规和税收政策规定计算应当缴纳的消费税税额 – 直接减免的消费税税额

适用税率：纳税人所在地是市区的为 7%；纳税人所在地是县城、镇的为 5%；纳税人所在地不是市区、县城或镇的，适用税率为 1%。

例 1：A 企业位于某县城，2021 年 10 月申报期，享受直接减免增值税优惠（不包含先征后退、即征即退）后申报交纳增值税 100 万元，9 月收到增值税留抵退税 10 万元，享受直接减免消费税优惠后申报缴纳消费税 50 万元，则 A 企业 10 月应纳城建税为：

（100-10+50）×5%=7 万元。

对于城建税中留抵退税额的扣除规定，是纳税人从收到留抵退税额之日起，就应当在以后纳税申报期中扣除；当期没有扣完的余额，可在以后纳税申报期中继续扣除。注意，留抵退税额仅允许在按照增值税一般计税方法确定的城建税计税依据中扣除。

例 2：B 企业位于某市区，2021 年 9 月收到增值税留抵退税 100 万元，2021 年 10 月申报期，申报缴纳增值税 80 万元（其中，按照一般计税法 70 万元，按照简易计税方法 10 万元），则 B 企业 10 月应纳城建税为：

（70-70）×7%+10×7%=0.7 万元。

2021 年 11 月申报期，B 企业申报缴纳增值税 90 万元，均为按照一般计税方法产生的，则 B 企业 11 月应纳城建税为：

[90-（100-70）]×7%=4.2 万元。

对于增值税免抵税额征收的城建税，纳税人应在税务机关核准免抵税额的下一个纳税申报期内向主管税务机关申报缴纳。



## 1.3 《中华人民共和国契税法》解读

2020年8月11日，第十三届全国人民代表大会常务委员会第二十一次会议通过《中华人民共和国契税法》（以下简称《契税法》），自2021年9月1日起施行。1997年7月7日国务院发布的《中华人民共和国契税暂行条例》同时废止。

《契税法》实施后，契税的税率并没有发生改变，跟原来的暂行条例一样还是3%~5%，不过适用税率的确定程序，之前是“由省、自治区、直辖市人民政府在前款规定的幅度内按照本地区的实际情况确定，并报财政部和国家税务总局备案”变成“由省级人民政府提出，报同级人大常委会决定，并报全国人大常委会和国务院备案”。《契税法》实施后，各地适用税率纳税人还是要关注当地的具体规定。

《契税法》第三条规定：

契税税率为百分之三至百分之五。

契税的具体适用税率，由省、自治区、直辖市人民政府在前款规定的税率幅度内提出，报同级人民代表大会常务委员会决定，并报全国人民代表大会常务委员会和国务院备案。

省、自治区、直辖市可以依照前款规定的程序对不同主体、不同地区、不同类型的住房的权属转移确定差别税率。

之前暂行条例规定的“国有土地使用权出让”，《契税法》将其修改为“土地使用权出让”，这意味着《契税法》正式实施后，集体经营性建设用地出让也需要缴纳契税。

《契税法》第四条规定：

契税的计税依据：

（一）土地使用权出让、出售，房屋买卖，为土地、房屋权属转移合同确定的成交价格，包括应交付的货币以及实物、其他经济利益对应的价款；

（二）土地使用权互换、房屋互换，为所互换的土地使用权、房屋价格的差额；

（三）土地使用权赠与、房屋赠与以及其他没有价格的转移土地、房屋权属行为，为税务机关参照土地使用权出售、房屋买卖的市场价格依法核定的价格。

纳税人申报的成交价格、互换价格差额明显偏低且无正当理由的，由税务机关依照《中华人民共和国税收征收管理法》的规定核定。

《契税法》将契税申报期限和纳税期限合二为一，这意味着《契税法》实施后，纳税人在办理土地、房屋权属登记手续前，可一次性完成申报缴纳，为纳税人节省了时间。

《契税法》第十条规定：

纳税人应当在依法办理土地、房屋权属登记手续前申报缴纳契税。

《契税法》将退税情形写进了法律。

《契税法》第十二条规定：

在依法办理土地、房屋权属登记前，权属转移合同、权属转移合同性质凭证不生效、无效、被撤销或者被解除的，纳税人可以向税务机关申请退还已缴纳的税款，税务机关应当依法办理。

现阶段，虽然生活方式呈现出简单和快捷性，但其背后也伴有诸多信息安全隐患。为了更好地保护纳税人信息，《契税法》还将信息保密写进了法律。

《契税法》第十三条第二款规定：

税务机关及其工作人员对税收征收管理过程中知悉的纳税人的个人信息，应当依法予以保密，不得泄露或者非法向他人提供。

另外，《契税法》对免征、减征契税以法律形式予以明确。

《契税法》第六条规定：

有下列情形之一的，免征契税：

（一）国家机关、事业单位、社会团体、军事单位承受土地、房屋权属用于办公、教学、医疗、科研、军事设施；

（二）非营利性的学校、医疗机构、社会福利机构承受土地、房屋权属用于办公、教学、医疗、科研、养老、救助；

（三）承受荒山、荒地、荒滩土地使用权用于农、林、牧、渔业生产；

（四）婚姻关系存续期间夫妻之间变更土地、房屋权属；

（五）法定继承人通过继承承受土地、房屋权属；

（六）依照法律规定应当予以免税的外国驻华使馆、领事馆和国际组织驻华代表机构承受土地、房屋权属。

根据国民经济和社会发展的需要，国务院对居民住房需求保障、企业改制重组、灾后重建等情形可以规定免征或者减征契税，报全国人民代表大会常务委员会备案。

《契税法》第七条规定：

省、自治区、直辖市可以决定对下列情形免征或者减征契税：

（一）因土地、房屋被县级以上人民政府征收、征用，重新承受土地、房屋权属；

（二）因不可抗力灭失住房，重新承受住房权属。

前款规定的免征或者减征契税的具体办法，由省、自治区、直辖市人民政府提出，报同级人民代表大会常务委员会决定，并报全国人民代表大会常务委员会和国务院备案。

为了贯彻落实《契税法》，财政部、税务总局又发布了《关于契税法实施后有关优惠政策衔接问题的公告》（财政部　税务总局公告 2021 年第 29 号），公告规定，新契税法实施后，从 2021 年 9 月 1 日起继续执行以下优惠政策：

一、夫妻因离婚分割共同财产发生土地、房屋权属变更的，免征契税。

二、城镇职工按规定第一次购买公有住房的，免征契税。

公有制单位为解决职工住房而采取集资建房方式建成的普通住房或由单位购买的普通商品住房，经县级以上地方人民政府房改部门批准、按照国家房改政策出售给本单位职工的，如属职工首次购买住房，比照公有住房免征契税。

已购公有住房经补缴土地出让价款成为完全产权住房的，免征契税。

三、外国银行分行按照《中华人民共和国外资银行管理条例》等相关规定改制为外商独资银行（或其分行），改制后的外商独资银行（或其分行）承受原外国银行分行的房屋权属的，免征契税。

经过调整的《契税法》能更好地适用现代社会，也使纳税人的权益有了保障，给纳税人带来更多便利。

## 1.4 社保改为“税务征收”

### 1.4.1 社保“税务征收”规定

2018 年 7 月 20 日，中共中央办公厅、国务院办公厅印发了《国税地税征管体制改革方案》（以下简称为《改革方案》）。

《改革方案》明确了国税地税征管体制改革的指导思想、基本原则和主要目标，强调通过改革，逐步优化高效统一的税收征管体系，从而为纳税人更好地服务。《改革方案》采取先挂牌再落实“三定”（即确定机关主要职责、内设机构、人员编制及领导职数）规定，先合并国税地税机构，再接收社会保险费和非税收入征管职责。《改革方案》明确了国税地税机构合并以后，将实行以税务总局为主，与省区市党委和政府双重领导的管理体制。

《改革方案》明确从 2019 年 1 月 1 日起，将基本养老保险费、基本医疗保险费、失业保险费、工伤保险费、生育保险费等各项社会保险费交由税务部门统一征收。

你可能会觉得不就是换一个部门征收吗？与我们公司有什么关系呢？这么想，说明你还不清楚这项规定意味着什么，下面我们来说一说。

之前我国的社保征缴模式主要有两类，一种是“社保征收模式”，也就是社保由社会保险经办机构负责征收；另一种是“税务征收模式”，这种模式又分为“税务代征模式”和“税务全责征收”。这次社保的改革就是把社保变成由税务全责征收的模式，以此来提高社会保险资金征管的效率。



当社保变为税务全责征收模式后，税务机关就可依法履行社会保险费缴费登记、申报征收、清欠、检查和处罚等职责。社保费用的计算是以工资总额的比例来征收的，税务机关在征收企业所得税和个人所得税时需要准确掌握企业工资薪金的发放情况。

过去有些公司为了省钱，有的员工也为了到手的钱能多一些，就自愿放弃缴纳社保，或者同意公司按国家规定的最低基数缴纳社保。社保改为税务全责征收后，各项社会保险费由税务部门统一征收，社保和个税信息统一管理，税务部门能准确了解社保缴费的真实基数，不交社保或者少交社保的操作就不能再用了。这能维护员工的利益，但无形中增加了企业的用工成本，尤其是那些劳动密集型企业将受到更大的冲击。

此外，企业如果不给员工上社保、未全额上社保，或者用虚假工资申报，还将面对法律处罚。过去因为社保部门和税务部门的分离，这样的现象很难查证，但是社保改为“税务全责征收”后，这样的情况很容易被发现，一旦被查实，企业除了补缴欠缴数额之外，还要面临罚款及补交滞纳金，这个代价还是挺高的。

### 1.4.2　企业应对

（1）之前少缴社保的企业，在实行新社保政策后，如果不增加工资，员工到手的工资会减少，一些员工可能会辞职，这样会不利于公司的稳定。这时企业可以对组织结构进行优化，提高组织的效率，提高员工的效率，在不增加人力成本的情况下，增加企业的收入，进而提高员工的薪酬，来稳定公司的人才。

（2）改变主体身份，主要是把劳动关系变为民事关系，把一些可以外包的工作外包出去，可以参考外卖和快递公司的组织模式；也可以聘用一些不需要缴纳社保的人员，像一些已经退休的人员，从而降低企业的用人成本。

（3）进行工资分流，降低名义工资，提高员工的资本收益。短期可将现金工资变为员工福利、股息分红，长期的话向全面薪酬转变，让员工的关注点发生转变，让他们不要把目光仅仅局限在工资上，还要看到未来的发展前景、自身能力的提高、公司的办公环境等方面。

（4）改变企业的商业运营的模式，独立劳务、承包经营，劳动合同变为服务合同或承包经营合同。

（5）改变用工模式，部分岗位采用劳务派遣来转嫁风险，部分工程采取外包的形式，部分岗位采用非全日制用工或者小时工。

（6）减员增效，提升人均产值。对一些能力差，办事效率低的员工进行疏导；对公司的岗位进行梳理，把那些闲置的岗位取消，把那些“闲人”请出公司，让公司真正高效地运转起来。

## 1.5 《关于资源税征收管理若干问题的公告》

为了规范资源税的征收管理，2020 年 8 月 28 日，国家税务总局发布了《关于资源税征收管理若干问题的公告》（国家税务总局公告 2020 年第 14 号），公告内容如下。

一、纳税人以外购原矿与自采原矿混合为原矿销售，或者以外购选矿产品与自产选矿产品混合为选矿产品销售的，在计算应税产品销售额或者销售数量时，直接扣减外购原矿或者外购选矿产品的购进金额或者购进数量。

纳税人以外购原矿与自采原矿混合洗选加工为选矿产品销售的，在计算应税产品销售额或者销售数量时，按照下列方法进行扣减：

准予扣减的外购应税产品购进金额（数量）= 外购原矿购进金额（数量）×（本地区原矿适用税率 ÷ 本地区选矿产品适用税率）

不能按照上述方法计算扣减的，按照主管税务机关确定的其他合理方法进行扣减。

二、纳税人申报资源税时，应当填报《资源税纳税申报表》（见附件）。

三、纳税人享受资源税优惠政策，实行“自行判别、申报享受、有关资料留存备查”的办理方式，另有规定的除外。纳税人对资源税优惠事项留存材料的真实性和合法性承担法律责任。

四、本公告自2020年9月1日起施行……

这个公告明确规定了不同情况下外购应税产品扣减的具体计算方法。

比如，2020年9月5日，某煤炭企业将外购200万元原煤与自采150万元原煤混合洗选加工成选煤销售，销售额为550万元。当地原煤税率是3%，选煤税率是2%，则该企业准予扣除的外购应税产品购进金额是多少？

根据上面的规定，准予扣减的外购应税产品购进金额＝外购原矿购进金额×（本地区原矿适用税率÷本地区选矿产品适用税率）=200×（3%÷2%）=300万元。

这个公告还修订了资源税的纳税申报表，修订后的资源税申报表只有1张主表，1张附表（主附表样式如下），比原来简单很多。进行网上申报的纳税人在申报资源税时，先将相关数据填写到附表上，系统会自动将结果导入主表，从而计算出应纳税额。

附件

## 资源税纳税申报表

纳税人识别号（统一社会信用代码）：□□□□□□□□□□□□□□□□□□
纳税人名称：　　　　　　　　　　　　　　金额单位：人民币元（列至角分）
税款所属期限：自　　年　月　日至　　年　月　日

| | | | | | | | | | | |
|---|---|---|---|---|---|---|---|---|---|---|
| 本期是否适用增值税小规模纳税人减征政策（减免性质代码：06049901） | | | | | | 是□　否□ | | 减征比例（%） | | |
| 税目 | 子目 | 计量单位 | 计税销售数量 | 计税销售额 | 适用税率 | 本期应纳税额 | 本期减免税额 | 本期增值税小规模纳税人减征额 | 本期已缴税额 | 本期应补（退）税额 |
| 1 | 2 | 3 | 4 | 5 | 6 | 7①=4×6<br>7②=5×6 | 8 | 9=（7-8）×减征比例 | 10 | 11=7-8-9-10 |
| | | | | | | | | | | |
| | | | | | | | | | | |
| | | | | | | | | | | |
| | | | | | | | | | | |
| 合计 | | — | | | — | | | | | |
| 谨声明：本纳税申报表是根据国家税收法律法规及相关规定填报的，是真实的、可靠的、完整的。<br>纳税人（签章）：　　　　年　月　日 | | | | | | | | | | |
| 经办人： | | | | | | | 受理人： | | | |
| 经办人身份证号： | | | | | | | 受理税务机关（章）： | | | |
| 代理机构签章： | | | | | | | 受理日期：　年　月　日 | | | |
| 代理机构统一社会信用代码： | | | | | | | | | | |

## 资源税纳税申报表附表

（申报和减免税计算明细）

纳税人识别号（统一社会信用代码）：□□□□□□□□□□□□□□□□□□□□□□

纳税人名称：　　　　　　　　　　　　　　　　　　　　　　　　金额单位：人民币元（列至角分）

| 申报计算明细 | | | | | | | | | | |
|---|---|---|---|---|---|---|---|---|---|---|
| 序号 | 税目 | 子目 | 计量单位 | 销售数量 | 准予扣减的外购应税产品购进数量 | 计税销售数量 | 销售额 | 准予扣除的运杂费 | 准予扣减的外购应税产品购进金额 | 计税销售额 |
| | 1 | 2 | 3 | 4 | 5 | 6=4-5 | 7 | 8 | 9 | 10=7-8-9 |
| 1 | | | | | | | | | | |
| 2 | | | | | | | | | | |
| | | | | | | | | | | |
| 合计 | — | — | — | | | | | | | |

| 减免税计算明细 | | | | | | | | | | |
|---|---|---|---|---|---|---|---|---|---|---|
| 序号 | 税目 | 子目 | 减免项目名称 | 计量单位 | 减免税销售数量 | 减免税销售额 | 适用税率 | 减免性质代码 | 减征比例 | 本期减免税额 |
| | 1 | 2 | 3 | 4 | 5 | 6 | 7 | 8 | 9 | 10①=5×7×9<br>10②=6×7×9 |
| | | | | | | | | | | |
| | | | | | | | | | | |
| 合计 | — | — | — | — | | | — | — | — | |

## 1.6　环境保护税的新公告

为贯彻落实《中华人民共和国环境保护税法》，进一步规范因排放污染物种类多等原因不具备监测条件的排污单位应税污染物排放量计算方法，生态环境部、财政部和税务总局发布了《关于发布计算环境保护税应税污染物排放量的排污系数和物料衡算方法的公告》（生态环境部 财政部 税务总局公告 2021 年第 16 号），公告有以下规定。

一、属于排污许可管理的排污单位，适用生态环境部发布的排污许可证申请与核发技术规范中规定的排（产）污系数、物料衡算方法计算应税污染物排放量；排污许可证申请与核发技术规范未规定相关排（产）污系数的，适用生态环境部发布的排放源统计调查制度规定的排（产）污系数方法计算应税污染物排放量。

二、不属于排污许可管理的排污单位，适用生态环境部发布的排放源统计调查制度规定的排（产）污系数方法计算应税污染物排放量。

三、上述情形中仍无相关计算方法的，由各省、自治区、直辖市生态环境主管部门结合本地实际情况，科学合理制定抽样测算方法。

四、本公告自2021年5月1日起施行，《关于发布计算污染物排放量的排污系数和物料衡算方法的公告》（环境保护部公告2017年第81号）同时废止。《财政部 税务总局 生态环境部关于环境保护税有关问题的通知》（财税〔2018〕23号）第一条第二款同时改按本公告规定执行。

生态环境部将适时对排污许可证申请与核发技术规范、排放源统计调查制度规定的排（产）污系数、物料衡算方法进行制修订，排污单位自制修订后的排（产）污系数、物料衡算方法实施之日的次月起（未明确实施日期的，以发布日期为实施日期），依据新的系数和方法计算应税污染物排放量。

该公告明确了属于排污许可管理的排污单位和不属于排污许可管理的排污单位应该怎样计算应税污染物排放量，并且还规定了，如果采用以上方法依然无法计算应税污染物排放量的，应该由各省、自治区、直辖市的生态环境主管部门结合本地实际情况，科学合理地制定抽样测算方法。

该公告还明确了，如果以后修订了排（产）污系数、物料衡算方法的话，纳税人要从新方法实施之日的次月起开始按照新系数和方法计算应税污染物排放量；如果没有公布明确实施日期的，将以发布日期为实施日期。

## 1.7 2021年，这些税收政策开始实施

1. 个人所得税预扣预缴方法发生改变

《国家税务总局关于进一步简便优化部分纳税人个人所得税预扣预缴方法的公告》（国家税务总局公告2020年第19号）规定：

自2021年1月1日起，对上一完整纳税年度内每月均在同一单位预扣预缴工资、薪金所得个人所得税且全年工资、薪金收入不超过6万元的居民个人，扣缴义务人在预扣预缴本年度工资、薪金所得个人所得税时，累计减除费用自1月份起直接按照全年6万元计算扣除。即，在纳税人累计收入不超过6万元的月份，暂不预扣预缴个人所得税；在其累计收

入超过6万元的当月及年内后续月份，再预扣预缴个人所得税。

2. 从2021年开始在全国推行电子发票

《国家税务总局关于在新办纳税人中实行增值税专用发票电子化有关事项的公告》（国家税务总局公告2020年第22号）规定：

自2020年12月21日起，在天津、河北、上海、江苏、浙江、安徽、广东、重庆、四川、宁波和深圳等11个地区的新办纳税人中实行专票电子化，受票方范围为全国。

自2021年1月21日起，在北京、山西、内蒙古、辽宁、吉林、黑龙江、福建、江西、山东、河南、湖北、湖南、广西、海南、贵州、云南、西藏、陕西、甘肃、青海、宁夏、新疆、大连、厦门和青岛等25个地区的新办纳税人中实行专票电子化，受票方范围为全国。

3. 新能源汽车免征车辆购置税

《财政部、税务总局、工业和信息化部关于新能源汽车免征车辆购置税有关政策的公告》（财政部公告2020年第21号）规定：

自2021年1月1日至2022年12月31日，对购置的新能源汽车免征车辆购置税。免征车辆购置税的新能源汽车是指纯电动汽车、插电式混合动力（含增程式）汽车、燃料电池汽车。

4. 广告费和业务宣传费税前扣除的变化

《财政部、税务总局关于广告费和业务宣传费支出税前扣除有关事项的公告》（财政部、税务总局公告2020年第43号）规定：

自2021年1月1日起至2025年12月31日，对化妆品制造或销售、医药制造和饮料制造（不含酒类制造）企业发生的广告费和业务宣传费支出，不超过当年销售（营业）收入30%的部分，准予扣除；超过部分，准予在以后纳税年度结转扣除。

烟草企业的烟草广告费和业务宣传费支出，一律不得在计算应纳税所得额时扣除。

# 第 2 章　增值税的新变化

## 2.1　增值税概述

### 2.1.1　增值税由来及在我国的发展

最先提出增值税概念的是美国经济学家亚当斯，不过最先实施增值税的国家却是法国。1954 年，法国税务总局局长的助理莫里斯 · 洛雷开始制定和实施增值税制，并取得了成功，洛雷也被称为增值税之父。由于增值税可以避免重复征税，很快被许多国家所采用，现在世界上已经有 140 多个国家采用了增值税。

我国是在 1979 年恢复基本税收制度的背景下，开始引进并试行增值税的。到了 1984 年，在试点的基础上，结合“利改税”，颁布了《中华人民共和国增值税条例（草案）》，并于 1984 年 10 月 1 日起试行，这标志着我国正式确定实行增值税制度。

1993 年底，我国出台了《中华人民共和国增值税暂行条例》（国务院令第 134 号），该条例规定：在中华人民共和国境内销售货物或者提供加工、修理修配劳务以及进口货物的单位和个人，为增值税的纳税义务人。

该条例自 1994 年 1 月 1 日起施行，这标志着我国全面推进增值税。

2004 年到 2012 年，是我国增值税的转型阶段，增值税开始由生产型向消费型转型，并不断扩大试点范围，扩大行业范围。

2012 年率先在上海实施交通运输业和部分现代服务业营改增试点，2016 年 5 月 1 日开始在全部行业、全国范围内实行营改增，到现在全部改征增值税。

增值税是以商品（含应税劳务）在流转过程中产生的增值额作为计税依据而征收的一种流转税。从计税原理上说，增值税是对商品生产、流通、劳务服务中多个环节的新增价值或商品的附加值征收的一种流转税，实行的是价外税，由消费者负担，只有增值了才征税，如果没增值就不征税。

增值税现在已经成为我国最主要的税种之一，是现阶段税收收入最大的税种，占我国全部税收的 60% 以上，由税务机关负责征收，税收收入由中央、地方按比例分配。进口环节的增值税由海关代征，税收收入全部归中央财政局所有。

### 2.1.2 增值税常用概念

增值税的纳税人是在中华人民共和国境内销售货物或者提供加工、修理修配劳务，销售服务、无形资产、不动产以及进口货物的单位和个人。

增值税的扣缴义务人是中华人民共和国境外的单位或者个人在境内提供应税劳务，在境内未设有经营机构的，以其境内代理人为扣缴义务人；在境内没有代理人的，以购买方为扣缴义务人。

我国将纳税人按其经营规模的大小以及会计核算是否健全划分为一般纳税人和小规模纳税人。

小规模纳税人指年销售额在规定标准以下，并且会计核算不健全，不能按规定报送有关税务资料的增值税纳税人。

一般纳税人是指年应征增值税销售额超过财政部规定的小规模纳税人标准的企业和企业性单位。

小规模纳税人在年应税销售额超过财政部、国家税务总局规定的小规模纳税人标准的（按照政策规定选择小规模纳税人及应税销售额超过规定标准的其他个人除外），应当向主管税务机关办理一般纳税人登记。

对于年应税销售额未超过规定标准的纳税人，如果会计核算健全，能够提供准确的税务资料的小规模纳税人，也可向主管税务机关提出办理一般纳税人登记。

纳税人在一般纳税人生效之日（指纳税人办理登记的当月 1 日或者次月 1 日，由纳税人在办理登记手续时自行选取）起，就要按照增值税一般计税方法计算应纳税额，并按照规定领用增值税专用发票，财政部、国家税务总局另有规定的除外。

通常纳税人选择为一般纳税人之后，不得再转为小规模纳税人，不过国家税务总局另有规定的除外。

### 2.1.3 增值税的征税范围

增值税的征税范围有一般项目、特殊项目和特殊行为。

1. 一般项目

一般项目是在中华人民共和国境内销售货物或加工、修理修配劳务，销售服务、无形资产、不动产以及进口货物。

2. 特殊项目

（1）货物期货（包括商品期货和贵金属期货），货物期货交增值税，在实物交割环节纳税；

（2）银行销售金银的业务；

（3）典当业销售死当物品业务；

（4）寄售业销售委托人寄售物品的业务；

（5）集邮商品的生产、调拨及邮政部门以外的其他单位和个人销售集邮商品的业务。

3. 视同销售行为的特殊行为

（1）将货物交由他人代销；

（2）代他人销售货物；

（3）设有两个以上机构并实行统一核算的纳税人，将货物从一个机构移送至其他机构用于销售，但相关机构设在同一县（市）的除外；

（4）将自产或委托加工的货物用于非增值税应税项目；

（5）将自产、委托加工或购买的货物作为投资，提供给其他单位或个体经营者；

（6）将自产、委托加工或购买的货物分配给股东或投资者；

（7）将自产、委托加工的货物用于集体福利或个人消费；

（8）将自产、委托加工或购买的货物无偿赠送给他人。

### 2.1.4 增值税税率及应纳税额

税率是对征税对象的征收比例或征收额度，是税法的构成要素之一。增值税的税率，只是针对一般纳税人而言的，因为小规模纳税人的财务制度不健全，不能提供税法规定的资料，只能由税务机关核定征收，所以没有税率，只有征收率。

我国增值税的税率几经改变，从 2019 年 4 月 1 日起增值税税率一共有 13%、9%、6% 和 0 税率四档；增值税小规模纳税人的征收率为 3% 和 5%，具体税率如下所示。

**适用一般纳税人的税率表**

| 税　率 | 项目明细 | 备　　注 |
|---|---|---|
| 13% | 销售或进口货物（另有列举的货物除外） | |
| | 销售劳务 | 加工、修理修配劳务 |
| | 有形动产租赁服务 | |
| 9% | 不动产租赁服务 | |

续表

| 税　率 | 项目明细 | 备　　注 |
| --- | --- | --- |
| 9% | 交通运输服务 | 陆路、水路等运输服务 |
| | 销售不动产 | 转让建筑物、构筑物等不动产产权 |
| | 建筑服务 | 工程服务、安装服务、装饰服务等 |
| | 转让土地使用权 | |
| | 邮政服务 | 邮政普遍服务、特殊服务等 |
| | 基础电信服务 | |
| | 粮食等农产品、食用植物油、食用盐 | 另有列举的货物 |
| | 自来水、暖气、冷气、热水、煤气、石油液化气、天然气、二甲醚、沼气、居民用煤炭制品 | |
| | 图书、报纸、杂志、音像制品、电子出版物 | |
| | 饲料、化肥、农药、农机、农膜 | |
| | 国务院规定的其他货物 | |
| 6% | 销售无形资产 | 转让土地使用权除外 |
| | 电信服务 | |
| | 金融服务 | 贷款服务、保险服务等 |
| | 现代服务 | 研发和技术服务、文化创意服务等 |
| | 生活服务 | 文化体育服务、旅游娱乐服务等 |
| 零税率 | 出口货物（国务院另有规定的除外） | 境内的单位和个人销售适用增值税零税率的服务或无形资产的，可以放弃零税率，选择免税或按规定缴纳增值税。不过放弃零税率后，36 个月内不得再申请适用增值税零税率 |
| | 境内单位和个人跨境销售国务院规定范围内的服务、无形资产 | |
| 免税 | 销售货物、劳务，提供的跨境应税行为，符合免税条件的 | |

## 小规模纳税人及允许适用简易计税方式计税的一般纳税人征收率表

| 征收率 | 项目明细 | 备　　注 |
| --- | --- | --- |
| 3% | 小规模纳税人销售货物或加工、修理修配劳务，销售应税服务（另有规定的除外）、无形资产 | 从 2021 年 4 月 1 日到 2021 年 12 月 31 日，适用 3% 征收率的减按 1% 征收 |
| | 一般纳税人发生按规定适用或可以选择适用简易计税方法计税的特定应税行为，但适用 5% 征收率的除外 | 加工、修理修配劳务 |
| | 小规模纳税人（不含其他个人）以及符合规定情形的一般纳税人销售自己使用过的固定资产 | 3% 减按 2% 征收，应纳增值税 = 车辆售价 /（1+2%）× 2% |
| | 纳税人销售旧货 | |
| | 从 2020 年 5 月 1 日起至 2023 年 12 月 31 日，从事二手车经销的纳税人销售其收购的二手车 | 3% 减按 0.5% 征收，应纳增值税 = 车辆售价 /（1+0.5%）× 0.5% |

续表

| 征收率 | 项目明细 | 备　注 |
|---|---|---|
| 5% | 销售不动产 | |
| | 符合条件的经营租赁不动产（土地使用权） | |
| | 转让营改增前取得的土地使用权 | |
| | 房地产开发企业销售、出租自行开发的房地产老项目 | |
| | 符合条件的不动产融资租赁 | |
| | 一般纳税人提供的人力资源外包服务 | |
| | 选择差额纳税的劳务派遣、安全保护服务 | |
| | 个体工商户和其他个人出租住房 | 5% 减按 1.5% 征收 |

实际中，因为很难精准计算出在流转过程中商品的新增价值或附加值，所以，我国也采用国际上普遍使用的税款抵扣的办法，也就是以销售商品或劳务的销售额为基础，根据规定的适用税率计算出销售税额，然后扣除取得该商品或劳务时所支付的增值税款（即进项税额），二者的差额就是应该缴纳的税额。

一般纳税人的应纳税额 = 当期销项税额 – 当期进项税额

销项税额 = 销售额 × 税率

销售额 = 含税销售额 ÷（1+ 税率）

小规模纳税人的应纳税额 = 销售额 × 征收率

销售额 = 含税销售额 ÷（1+ 征收率）

增值税的纳税申报时间与主管税务机关核定的纳税期限是相联系的，分别为 1 日、3 日、5 日、10 日、15 日、1 个月或者 1 个季度。以 1 个月或者 1 个季度为纳税期的纳税人，自期满之日起 15 日内进行申报纳税；以 1 日、3 日、5 日、10 日或 15 日为纳税期的纳税人，自期满之日起 5 日内预缴税款，次月 1 至 15 日申报并结清上月应纳税款。

## 2.2 增值税起征点新规

2021 年 3 月 31 日，为了贯彻落实全国“两会”精神和中办、国办印发的《关于进一步深化税收征管改革的意见》，国家税务总局发布了《关于小规模纳税人免征增值税征管问题的公告》（国家税务总局公告2021年第5号）。

公告规定，从2021年4月1日起，将小规模纳税人增值税起征点从之前月销售额10万元提高到15万元。也就是说，小规模纳税人从2021年4月1日起，只要月销售额没超过15万元（以1个季度为1个纳税期的，季度销售额未超过45万元），就不用缴纳增值税，那些以增值税为计税基础的税费也不用再缴了。

该公告所说的销售额包括两个要点：一是将所有增值税应税销售行为（包括销售货物、劳务、服务、无形资产和不动产）合并计算的月销售额，扣除本月偶然发生的销售不动产的销售额，如果没有超过15万元的，则免征增值税；二是适用增值税差额征税政策的，如果差额后的余额当月没有超过15万元，免征增值税。

如果小规模纳税人选择的是按季缴纳增值税，那季度销售额没超过45万元也能享受该优惠政策。按固定期限纳税的小规模纳税人可以选择以1个月或1个季度为纳税期限，但一经选择，一个会计年度内不得变更，所以企业在选择纳税期限时要提前考虑好。

A企业是小规模纳税人，2021年10月、11月、12月销售额分别是15万元、13万元、30万元。如果A企业选择的是按月纳税，则因为10月、11月销售额没有超过15万元，所以不用缴纳增值税，只缴纳12月份的就好；如果A企业选择是按季纳税，则因为第四季度的销售额为58万元，超过了45万元的免税标准，所以58万元均无法享受免税政策。

这里需要注意，能享受这一优惠的是小规模纳税人，销售额不包含其应纳增值税税额。采用销售额和应纳税额合并定价方法的，其销售额=含税销售额÷(1+征收率)。如果小规模纳税人月销售额未超过起征点是不需要缴纳增值税的，但是如果超过了起征点就需要全额纳税。

对于那些跨地区提供建筑服务、销售不动产、出租不动产等增值税应税销售行为的小规模纳税人，如果需要异地预缴增值税，只要月销售额没有超过15万元，当期是不需要预缴税款的。

不过，需要注意的是，如果小规模纳税人开具了增值税专用发票，按照《国家税务总局关于增值税发票管理等有关事项的公告》（2019年第33号）规定，应当就开具增值税专用发票的销售额计算增值税应纳税额，并在规定的纳税申报期内向主管税务机关申报缴纳。

## 2.3 你必须了解的增值税发票新规定

### 2.3.1 增值税发票开具和认证的新变化

2019年2月3日，国家税务总局发布了《关于扩大小规模纳税人自行开具增值税专用发票试点范围等事项的公告》（国家税务总局公告2019年第8号）。

从2016年8月1日起，税务机关开展了小规模纳税人自行开具增值税专用发票的试点工作，先后将住宿业，鉴证咨询业，建筑业，工业，信息传输、软件和信息技术服务业5个行业纳入试点范围。为了进一步促进市场的活力，从2019年3月1日开始，将租赁和商务服务业，科学研究和技术服务业，居民服务、修理和其他服务业3个行业纳入试点范围。

这8个行业的小规模纳税人（以下称“试点纳税人”）发生增值税应税行为，需要开具增值税专用发票的，可以自愿使用增值税发票管理系统自行开具；试点纳税人销售其取得的不动产，需要开具增值税专用发票的，应当按照有关规定向税务机关申请代开。

不过，试点纳税人需要对自行开具增值税专用发票对应的销售额进行计算并缴纳增值税，并在规定的纳税申报期内向主管税务机关申报缴纳。纳税人购买增值税税控系统专用设备支付的费用以及缴纳的技术维护费可以按照有关规定在增值税应纳税额中全额抵减。

在填写增值税纳税申报表时，应将当期开具增值税专用发票的销售额，按照3%和5%的征收率，分别填写在《增值税纳税申报表》（小规模纳税人适用）第 2 栏和第 5 栏“税务机关代开的增值税专用发票不含税销售额”的“本期数”相应栏次中。

在 2 月 3 日的公告中，还扩大取消增值税发票认证的纳税人范围。规定从 2019 年 3 月 1 日起，将取消增值税发票认证的纳税人范围扩大至全部一般纳税人。也就是说从 2019 年 3 月 1 日后，所有增值税一般纳税人可以不用再进行纸质发票的扫描认证，只需要使用增值税发票选择确认平台，就可以轻松实现发票的抵扣、退税、代办退税的认证。

增值税发票选择确认平台的登录地址由国家税务总局各省、自治区、直辖市和计划单列市税务局确定并公布。

之前纳税人手工扫描需要抵扣的纸质发票通常有两种方式，一种是纳税人自行购置扫描设备进行网上认证，另一种是前往办税服务厅办理发票认证。取消增值税发票扫描认证以后，可以节约纳税人因购买扫描设备产生的经济成本，可以减少纳税人前往税务机关认证发票产生的时间成本，进一步减轻了纳税人的办税负担。

### 2.3.2 增值税防伪措施的变化

2019 年 2 月 3 日，国家税务总局公布了《关于调整增值税专用发票防伪措施有关事项的公告》（国家税务总局公告 2019 年第 9 号）。

为加强和改进增值税专用发票的管理，税务总局决定调整增值税专用发票防伪措施，从 2019 年第一季度起增值税专用发票按照调整后的防伪措施印制。

1. 增值税专用发票防伪措施调整

（1）取消光角变色圆环纤维、造纸防伪线等防伪措施。

（2）继续保留防伪油墨颜色擦可变、专用异型号码、复合信息防伪等防伪措施。

（3）对于之前税务机关库存和纳税人还未使用的增值税专用发票可以继续使用。

（4）这个规定自发布之日起施行。

2. 调整后的增值税专用发票的防伪措施

（1）防伪油墨颜色擦可变

①防伪效果：发票各联次左上方的发票代码使用防伪油墨印制，油墨印记在外力摩擦作用下可以发生颜色变化，产生红色擦痕（如下图所示）。

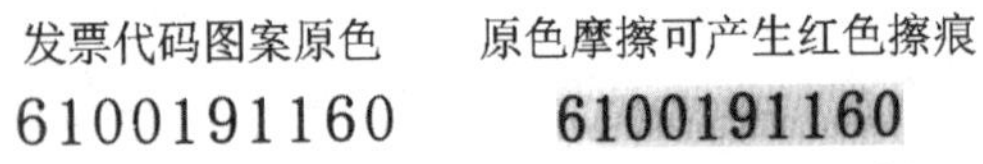


②鉴别方法：使用白纸摩擦票面的发票代码区域，在白纸表面以及发票代码的摩擦区域均会产生红色擦痕。

（2）专用异型号码

①防伪效果：发票各联次右上方的发票号码为专用异型号码，字体为专用异型变化字体（如下图所示）。

②鉴别方法：直观目视识别。

（3）复合信息防伪

①防伪效果：发票的记账联、抵扣联和发票联票面具有复合信息防伪特征。

②鉴别方法：使用复合信息防伪特征检验仪检测（如下图所示），对通过检测的发票，检验仪自动发出复合信息防伪特征验证通过的语音提示。

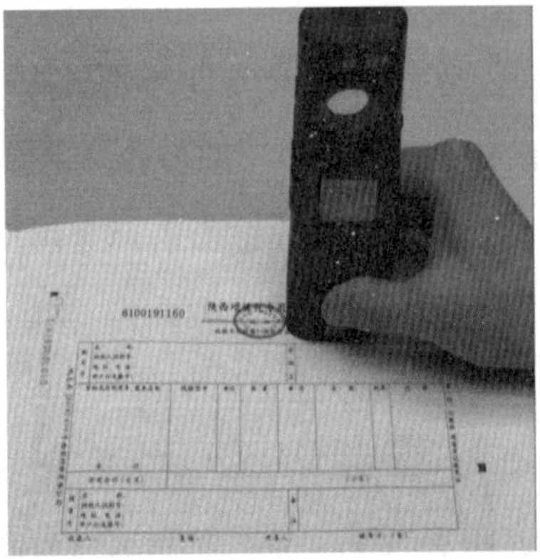

### 2.3.3 增值税发票备注栏怎么填写

在开增值税发票时，大家容易忽略发票的备注栏，如果填写不当可能会给企业带来不必要的税务风险，甚至造成不可挽回的损失，所以财务人员在开具增值税发票时一定要注意。

以下按自行开具和税务机关代开分别讲解。

1. 自行开具

| 业务类型 | 备注栏信息 | 文件依据 |
|---|---|---|
| 货物运输服务 | 填写起运地、到达地、车种车号及运输货物信息 | 国家税务总局公告 2015 第 99 号 |
| 铁路运输企业提供货物运输服务 | 注明受托人代征的印花税款信息 | 国家税务总局公告 2015 年第 99 号 |
| 建筑服务 | 注明建筑服务发生地县（市区）名称及项目名称 | 国家税务总局公告 2016 年第 23 号 |
| 销售、出租不动产 | 注明不动产的详细地址 | 国家税务总局公告 2016 年第 23 号 |
| 差额征税开票 | 自动打印“差额征税”字样 | 国家税务总局公告 2016 年第 23 号 |
| 销售预付卡 | 收到预付卡结算款 | 国家税务总局公告 2016 年第 53 号 |
| 保险代收车船税发票 | 保险单号、税款所属期（详细至月）、代收车船税金额、滞纳金金额、金额合计等 | 国家税务总局公告 2016 年第 51 号 |
| 互联网物流平台企业代开货物运输发票 | 注明会员的纳税人名称和统一社会信用代码（或税务登记证号码或组织机构代码） | 税总函〔2017〕579 号 |
| 生产企业委托综服企业代开出口退税 | 代办退税专用 | 国家税务总局公告 2017 年第 35 号 |

2. 税务机关代开

（1）代开发票的备注栏内需要注明纳税人名称和纳税人识别号。

（2）税务机关为跨县(市、区)提供不动产经营租赁服务、建筑服务的小规模纳税人(不包括其他个人)代开增值税发票时，应在发票备注栏中自动打印“YD”字样。

（3）当税务机关为纳税人代开建筑服务发票时，应在发票的备注栏中注明建筑服务发生地县(市、区)名称及项目名称。

（4）当税务机关为个人保险代理人汇总代开增值税发票时，应在备注栏内注明“个人保险代理人汇总代开”字样。

（5）税务机关为出售或出租不动产纳税人代开发票时，应在备注栏填写销售或出租不动产纳税人的名称、纳税人识别号(或者组织机构代码)、不动产的详细地址；按照核定计税价格征税的，“金额”栏应填写不含税计税价格，备注栏注明“核定计税价格，实际成交含税金额××元”。

（6）税务机关通过系统中差额征税开票功能，录入含税销售额（或含税评估额）和扣除额，系统自动计算税额和金额，备注栏中自动打印“差额征税”字样。

（7）税务机关在代开增值税普通发票以及为其他个人代开增值税专用发票时，备注栏上需加盖税务机关代开发票专用章。

3. 不按规定填写备注栏的企业风险

（1）如果备注栏填写不规范，取得的增值税抵扣凭证就不符合有关规定，那么其进项税额就无法从销项税额中抵扣。

（2）如果备注栏填写不规范，会让已经取得的发票不能作为税前扣除凭证。

（3）土地增值税纳税人接受建筑安装服务取得的增值税发票，如果备注栏填写不规范，将无法计入土地增值税扣除项目金额。

（4）根据《中华人民共和国发票管理办法》，未按规定开具的增值税发票将会被税务机关责令改正，并可能受到最高1万元的罚款。

## 2.4 增值税专用发票电子化的问题说明

电子发票因开具、使用都很方便，查验也很及时，并且还能节约成本，受到越来越多的纳税人的欢迎，国家税务总局决定在宁波、石家庄和杭州等3个地区试点的基础上，在全国新设立登记的纳税人中实行增值税专用发票电子化。

2020年12月20日发布的《国家税务总局关于在新办纳税人中实行增值税专用发票电子化有关事项的公告》（国家税务总局公告2020年第22号），规定：

自2020年12月21日起，在天津、河北、上海、江苏、浙江、安徽、广东、重庆、四川、宁波和深圳等11个地区的新办纳税人中实行专票电子化，受票方范围为全国。其中，宁波、石家庄和杭州等3个地区的纳税人开具增值税电子专用发票（以下简称“电子专票”）的受票方范围扩至全国。

自2021年1月21日起，在北京、山西、内蒙古、辽宁、吉林、黑龙江、福建、江西、山东、河南、湖北、湖南、广西、海南、贵州、云南、西藏、陕西、甘肃、青海、宁夏、新疆、大连、厦门和青岛等25个地区的新办纳税人中实行专票电子化，受票方范围为全国。

自各地专票电子化实行之日起，本地区需要开具增值税纸质普通发票、增值税电子普通发票、纸质专票、电子专票、纸质机动车销售统一发票和纸质二手车销售统一发票的新办纳税人，统一领取税务UKey开具发票。税务机关向新办纳税人免费发放税务UKey，并依托增值税电子发票公共服务平台，为纳税人提供免费的电子专票开具服务。

对于即将使用电子专票的纳税人，有以下问题需了解。

1. 电子专票的票面跟纸质专票票面的区别

电子专票的票面进行了简化，开具更加简便：采用电子签名代替之前的发票专用章；将“货物或应税劳务、服务名称”栏次名称简化为“项目名称”；取消了原“销售方:（章）”栏次。

如果纳税人以电子专票的纸质打印件作为报销入账归档的，不需要销货方在纸质打印件上加盖发票专用章，但需要同时保存该发票打印件的电子专票。

2. 核定电子专票有什么要求

按照《国家税务总局关于新办纳税人首次申领增值税发票有关事项的公告》（2018年第29号）规定，税务机关为首次申领增值税发票的新办纳税人办理发票票种核定，增值税专用发票最高开票限额不超过10万元，每月最高领用数量不超过25份。

电子专票和纸质专票都属于增值税专用发票。实行专票电子化的新办纳税人，可以在税务机关核定的增值税专用发票每月最高领用数量内，根据自身需要分别确定电子专票和纸质专票的领用数量。

在税务机关核定增值税专用发票最高限额和领用数量后，如果纳税人应生产经营需要增加的，可申请“增版增量”。

3. 电子发票怎么报销入账归档

对于以电子发票（含电子专票和电子普票）报销入账归档的，应当按照《财政部、国家档案局关于规范电子会计凭证报销入账归档的通知》（财会〔2020〕6 号，以下简称《通知》）的相关规定执行。

第一，纳税人可以仅使用电子发票进行报销入账归档。

第二，如果纳税人已经取得了电子发票，可不再另以纸质形式保存，因为电子发票与纸质发票具有同等法律效力。

第三，如果需要以电子发票的纸质打印件作为报销入账归档依据的，要同时保存打印该纸质件的电子发票。

4. 如何开具红字电子专票

纳税人在开具电子发票后，如果发生销货退回、开票有误、应税服务中止、销售折让等情形，可以开具红字电子专票。跟纸质专票开具不同，纳税人开具红字电子专票时，无需追回已经开具的蓝字电子专票。具体说来，开具红字电子发票的流程如下。

第一步，购买方或销售方纳税人在增值税发票管理系统(以下简称“发票管理系统”)中填开《开具红字增值税专用发票信息表》(以下简称《信息表》)。

如果购买方已经将电子专票用于申报抵扣，则由购买方在发票管理系统中填开并上传《信息表》；如果购买方未将电子专票用于申报抵扣，则由销售方在发票管理系统中填开并上传《信息表》，这时《信息表》中需要填写相对应的蓝字电子专票信息。

第二步，税务机关通过网络接收纳税人上传的《信息表》，系统自动校验通过后，生成带有“红字发票信息表编号”的《信息表》，并将信息同步至纳税人端系统中。

第三步，销售方在发票管理系统中查询到已经校验通过的《信息表》后，便可开具红字电子专票。红字电子专票应与《信息表》一一对应。

这里说明一下，如果购买方已将电子专票用于申报抵扣，因购买方开具《信息表》与销售方开具红字电子专票可能存在一定时间差，购买方应当暂依《信息表》所列增值税税额从当期进项税额中转出，待取得销售方开具的红字电子专票后，与《信息表》一并作为记账凭证。

## 增值税电子专用发票（票样）

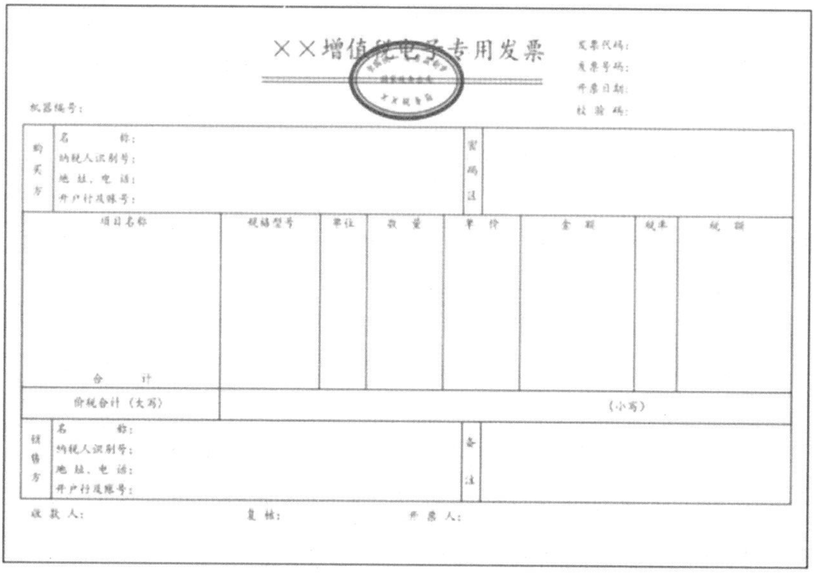
××增值税电子专用发票

发票代码：
发票号码：
开票日期：
校 验 码：

机器编号：

| | | | | | | | | |
|---|---|---|---|---|---|---|---|---|
| 购买方 | 名　　称：<br>纳税人识别号：<br>地 址、电 话：<br>开户行及账号： | | | | | 密码区 | | |
| 项目名称 | 规格型号 | 单位 | 数　量 | 单　价 | 金　额 | 税率 | 税　额 | |
| 合　　计 | | | | | | | | |
| 价税合计（大写） | | | | | （小写） | | | |
| 销售方 | 名　　称：<br>纳税人识别号：<br>地 址、电 话：<br>开户行及账号： | | | | | 备注 | | |

收 款 人：　　复 核：　　开 票 人：

5. 电子专票丢失怎么办

受票方如果丢失或损毁已开具的电子专票，可以根据发票代码、发票号码、开票日期、开具金额（不含税）等信息，在全国增值税发票查验平台查验通过后，下载电子专票。如不掌握相关信息，也可以向开票方重新索取原电子专票。

## 2.5　机动车发票使用新规则

2020 年 12 月 28 日，国家税务总局、工业和信息化部、公安部联合制定了《机动车发票使用办法》（以下简称《办法》），《办法》从 2021 年 5 月 1 日起试行，2021 年 7 月 1 日起正式施行。

根据《办法》可知，机动车发票是指单位和个人销售机动车时通过增值税发票管理系统开票软件中机动车发票开具模块所开具的增值税专用发票和机动车销售统一发票。

开通机动车发票开具模块的税务机关根据企业实际生产经营情况将机动车销售方分为机动车生产企业、机动车授权经销企业、其他机动车贸易商。

机动车生产企业包括国内机动车生产企业及进口机动车生产企业驻我国办事机构或总授权代理机构，如，在国内从事汽车整车制造的企业、某国外品牌（中国）汽车销售有限公司；机动车授权经销企业是指经机动车生产企业授权，且同时具备整车销售、零配件销售、售后维修服务等经营业务的机动车经销企业，如，某品牌汽车4S店；其他机动车贸易商，是指除上述两类企业以外的机动车销售单位和个人，如，摩托车个体经销处。

1.《办法》实施后，纳税人日常开具和使用机动车发票时的注意事项

第一，机动车销售方要按照“一车一票”原则开具机动车销售统一发票。比如，销售方销售售价为50万元的机动车时，《办法》实施后，只能向消费开具一张总价款为50万元的机动车销售统一发票，不能分拆价款开具两张及两张以上机动车销售统一发票。

第二，销售方应当按照销售符合国家机动车管理部门车辆参数、安全等技术指标规定的车辆所取得的全部价款如实开具机动车发票。

第三，销售方应根据不同情形，使用不同种类的机动车发票。如果购买方购进机动车自用的，销售方应当开具机动车销售统一发票；如果购买方购进机动车用于销售的，销售方应当开具增值税专用发票。

2.《办法》实施后，机动车发票开具基本流程

第一，国内机动车生产企业、进口机动车生产企业驻我国办事机构或总授权代理机构和从事机动车进口的其他机动车贸易商生产或进口机动车后，应按照现行规定向工信部门上传国产机动车合格证信息或进口车辆电子信息（统称车辆电子信息）。

上述企业销售本企业生产或者进口的机动车，应通过增值税发票管理系统和机动车合格证管理系统，依据车辆识别代号 / 车架号将机动车发票开具信息与车辆电子信息进行关联匹配。若上述企业开具的发票信息未关联车辆电子信息，会影响受票方继续开具对应的机动车发票。

第二，进口机动车生产企业驻我国办事机构或总授权代理机构和从事机动车进口的其他机动车贸易商录入并上传进口车辆电子信息；销售方销售本企业进口的机动车，应直接调用车辆电子信息开具机动车发票，实现进口机动车销售价格等信息与车辆电子信息关联。

第三，机动车授权经销企业和其他机动车贸易商销售机动车开具发票时，直接录入车辆识别代号 / 车架号或者扫描合格证二维码，读取增值税发票系统中已购进机动车的车辆电子信息并开具发票。若读取不到已购进机动车的车辆电子信息，将无法正常开具发票。

3. 使用增值税发票管理系统机动车发票开具模块开具增值税专用发票注意事项

第一，正确选择机动车类商品和服务税收分类编码。销售材料、配件、维修、保养、装饰等非机动车整车销售业务，均不通过该模块开具发票。

第二，应该在增值税专用发票“规格型号”栏填写机动车车辆识别代号 / 车架号，“单位”栏应选择“辆”。如果汇总开具增值税专用发票，则应通过增值税发票系统开票软件开具《销售货物或应税劳务、服务清单》。

第三，如果销售机动车需开具红字增值税专用发票的，若仅涉及销售折扣、销售折让的，《开具红字增值税专用发票信息表》中“规格型号”栏不填写车辆识别代号 / 车架号。

4. 国内机动车生产企业开具增值税专用发票时“规格型号”栏的填写

国内机动车生产企业如果不能在“规格型号”栏逐行填写车辆识别代号 / 车架号的，“规格型号”栏可以为空，但应在增值税专用发票（包括《销售货物或应税劳务、服务清单》）上，将相同车辆配置序列号、相同单价的机动车，按照同一行次汇总填列的规则开具发票。

5. 对于机动车发票开票有误或者发生销售退回的，销售方怎样开具红字发票

销售方开具红字发票时，应当收回消费者所持有的纸质机动车销售统一发票。如果消费者已经办理了车辆购置税纳税申报的，则不需退回报税联；如果消费者已办理机动车注册登记的，不需退回注册登记联；如果消费者为增值税一般纳税人且已抵扣增值税的，不需退回抵扣联。

6. 制造日期为2021年5月1日之前的，如果没有取得车辆信息，怎么开具发票

《办法》将于2021年5月1日起试行，如果企业所销售机动车制造日期在2021年5月1日之前的，销售方可按《办法》实施前的规定开具机动车发票。比如，某企业于2021年5月12日销售2021年3月生产的机动车，按照《办法》实施前的规定开具机动车发票。

## 2.6 海南岛免税商品免征“两税”

2020年9月29日，国家税务总局发布了《海南离岛免税店销售离岛免税商品免征增值税和消费税管理办法》（以下简称《管理办法》）的公告（国家税务总局公告2020年第16号）。公告规定，从2020年11月1日起，海南离岛免税店销售离岛免税商品免征增值税和消费税将按照《管理办法》实施，《管理办法》的主要内容包括以下几点。

1. 适用《管理办法》的离岛免税店范围

适用《管理办法》的离岛免税店范围为国家批准的（含海南省人民政府按相关规定批准并向国家有关部委备案的免税店）具有实施海南离岛免税政策资格的离岛免税店。目前主要有海口美兰机场免税店、海口日月广场免税店、琼海博鳌免税店、三亚海棠湾免税店四家。

2. 对离岛免税店的管理要求

（1）离岛免税店按月进行增值税、消费税纳税申报，首次进行纳税

申报时应向主管税务机关提供的资料包括：离岛免税店经营主体的基本情况；国家批准设立离岛免税店（含海南省人民政府按相关规定批准并向国家有关部委备案的免税店）的相关材料。

（2）离岛免税店经营主体等基本情况发生变化的，应在次月纳税申报期内向主管税务机关报告有关情况，并提供相关资料。

（3）此前经国家批准已开展离岛免税业务的离岛免税店，应向主管税务机关补充报送：离岛免税店经营主体的基本情况，国家批准设立离岛免税店(含海南省人民政府按相关规定批准并向国家有关部委备案的免税店)的相关材料。

（4）离岛免税店实施离岛免税政策资格期限届满或被撤销离岛免税经营资格的，应于期限届满或被撤销资格后15日内向主管税务机关报告有关情况。

3. 离岛免税店销售商品的增值税、消费税税收管理要求

（1）离岛免税店销售离岛免税商品，免征增值税和消费税。

（2）销售非离岛免税商品，应按现行规定征收增值税和消费税。

（3）离岛免税店进行纳税申报、分开核算和开具增值税发票等业务应按以下要求进行：①离岛免税店销售非离岛免税商品，按现行规定向主管税务机关申报缴纳增值税和消费税；②离岛免税店兼营应征增值税、消费税项目的，应分别核算离岛免税商品和应税项目的销售额；未分别核算的，不得免税；③离岛免税店销售离岛免税商品应开具增值税普通发票，不得开具增值税专用发票。

4. 对离岛免税店的数据传输要求

离岛免税商品经营企业，应当按照税务机关的要求，将销售离岛免税商品的有关信息、购买离岛免税商品的离岛旅客信息和税务机关要求提供的其他资料，通过税务机关规定的报送格式或传输方式，完整、准确、实时地提供给税务机关。

## 2.7　二手车经销增值税优惠政策

为了促进汽车消费，财政部和税务总局于2020年4月8日联合发布《关于二手车经销有关增值税政策的公告》（财政部、税务总局公告2020年第17号）。

这里的二手车，是指从办理完注册登记手续至达到国家强制报废标准之前进行交易并转移所有权的车辆，具体范围按照国务院商务主管部门出台的二手车流通管理办法执行。

自2020年5月1日至2023年12月31日，从事二手车经销的纳税人销售其收购的二手车，由原按照简易办法依3%征收率减按2%征收增值税，改为减按0.5%征收增值税。

这个公告就是给经营销售二手车的纳税人减轻负担，原来卖一台二手车需要按2%的征收率缴纳增值税，但是现在只按0.5%的征收率缴纳增值税，其销售额的计算公式如下：

销售额＝含税销售额/（1+0.5%）

另外，为规范征管，从这个公告发布之日后新出台的增值税征收率变动政策，都将比照上面的公式计算销售额。

这又是什么意思呢？其实以前减征的话，计算销售额等于含税销售额除以（1+没减征之前的征收率）也就是（1+3%），但是现在变成0.5%了，这样，经销二手车应该缴纳的增值税额计算公式就是：

应纳税额＝含税销售额/（1+0.5%）×0.5%

对比一下。

原来销售一辆20万元的二手车，需要缴纳增值税=200 000/（1+3%）×2%=3 883.50元。

现在销售一辆20万元的二手车，需要缴纳增值税=200 000/（1+0.5%）×0.5%=995.02元。

这样一来，销售同样一款20万元的二手车纳税人将少交2 888.48元的增值税。

享受这一税收优惠政策的二手车经销企业在销售二手车时，应向购买方开具税务机关监制的统一发票。不过这个统一发票不是增值税专用发票，不能当做增值税抵扣的凭证。对于那些想要抵扣的纳税人，从事二手车经销业务的纳税人应当给其开具征收率为0.5%的增值税专用发票。开票时需要注意，对于个人消费者不能给其开具增值税专用发票，只能给他们开具统一发票，千万不要弄错了。

纳税人在办理增值税申报纳税时应该怎么填报呢？这个要看二手车经销企业是一般纳税人还是小规模纳税人，二者在填报时还是有区别的。

如果是一般纳税人，在办理增值税纳税申报时，将减按0.5%征收率征收的销售额填写在《增值税纳税申报表附列资料（一）》（本期销售情况明细）“二、简易计税方法计税”中“3%征收率的货物及加工修理修配劳务”相应的栏次；对于减征的增值税税额，也就是根据销售额的2.5%计算出来的数额，填写在《增值税纳税申报表（一般纳税人适用）》“应纳税额减征额”及《增值税减免税申报明细表》减税项目相应栏次。

如果是小规模纳税人，在办理增值税纳税申报时，将减按0.5%征收率征收的销售额填写在《增值税纳税申报表（小规模纳税人适用）》“应征增值税不含税销售额（3%征收率）”相应栏次；对于减征的增值税税额（计算方法跟一般人一样）填写在《增值税纳税申报表（小规模纳税人适用）》“本期应纳税额减征额”及《增值税减免税申报明细表》减税项目相应栏次。

填写完成后，正常申报就行了。

## 2.8 粤港澳大湾区增值税的政策

为支持粤港澳大湾区建设，2020年10月26日，财政部、海关总署、税务总局联合发布了《关于在粤港澳大湾区实行有关增值税政策的通知》（财税〔2020〕48号）：

一、自2020年10月1日至2023年12月31日，对注册在广州市的保险企业向注册在南沙自贸片区的企业提供国际航运保险业务取得的收入，免征增值税。

二、自2020年10月1日起，对符合条件的出口企业从启运地口岸启运报关出口，由符合条件的运输企业承运，从水路转关直航，自广州南沙保税港区、深圳前海保税港区离境的集装箱货物，实行启运港退税政策。

（一）适用政策的运输企业及运输工具。

运输企业为在海关的信用等级为一般信用企业或认证企业，并且纳税信用级别为B级及以上的航运企业。

运输工具为配备导航定位、全程视频监控设备并且符合海关对承运海关监管货物运输工具要求的船舶。

…………

（二）适用政策的出口企业。

出口企业的出口退（免）税分类管理类别为一类或二类，并且在海关的信用等级为一般信用企业或认证企业。

海关总署定期向税务总局传送一般信用企业或认证企业名单。企业信用等级发生变化的，定期传送变化企业名单。税务总局根据上述名单等信息确认符合条件的出口企业。

（三）办理流程。

1. 启运地海关依出口企业申请，对从启运港启运的符合条件的货物办理放行手续后，生成启运港出口货物报关单电子信息。

2. 海关总署按日将启运港出口货物报关单电子信息（加启运港退税标识）通过电子口岸传输给税务总局。

3. 出口企业凭启运港出口货物报关单电子信息及相关材料到主管退税的税务机关申请办理退税。出口企业首次申请办理退税前，应向主管出口退税的税务机关进行启运港退税备案。

4. 主管出口退税的税务机关，根据企业出口退（免）税分类管理类别信息、税务总局清分的企业海关信用等级信息和启运港出口货物报关单信息，为出口企业办理退税。出口企业在申请退税时，上述信息显示其不符合启运港退税条件的，主管税务机关根据税务总局清分的结关核销的报关单数据（加启运港退税标识）办理退税。

5. 启运港启运的出口货物自离境港实际离境后，海关总署按日将正常结关核销的报关单数据（加启运港退税标识）传送给税务总局，税务总局按日将已退税的报关单数据（加启运港退税标识）反馈海关总署。

6. 货物如未运抵离境港不再出口，启运地海关应撤销出口货物报关单，并由海关总署向税务总局提供相关电子数据。上述不再出口货物如已办理出口退税手续，出口企业应补缴税款，并向启运地海关提供税务机关出具的货物已补税证明。

对已办理出口退税手续但自启运日起超过 2 个月仍未办理结关核销手续的货物，除因不可抗力或属于上述第 6 项情形且出口企业已补缴税款外，视为未实际出口，税务机关应追缴已退税款，不再适用启运港退税政策。

7. 主管出口退税的税务机关，根据税务总局清分的正常结关核销的报关单数据，核销或调整已退税额。

（四）海关、税务部门应加强沟通，建立联系配合机制，互通企业守法诚信信息和货物异常出运情况。财政、海关和税务部门要密切跟踪启运港退税政策运行情况，对工作中出现的问题及时上报财政部（税政司）、海关总署（综合司）和税务总局（货物和劳务税司）。

# 第 3 章　企业所得税的变化及计算

## 3.1　企业所得税概述

### 3.1.1　企业所得税在我国的发展

我国的所得税制度始议于 20 世纪初，清末宣统年间，大约为 1910 年，清政府有关部门曾起草过《所得税章程》，里面包含了企业所得税和个人所得征税的内容，不过还没来得及公布实施，辛亥革命就爆发了。

1912 年，北洋政府在上述章程的基础又制定了《所得税条例》，于 1914 年初公布，不过因为社会动乱，企业生产经营不稳，征管条件差，并没有真正实行起来。1936 年，国民政府公布了《所得税暂行条例》，并于同年 10 月 1 日起施行。这是我国历史上第一次开征所得税。1943 年，国民政府公布了《所得税法》，这是我国历史上第一部所得税法，使得所得税成为政府组织财政收入的重要方式之一。

新中国成立后，在 1949 年首届全国税务会议上，通过了统一全国税收政策的基本方案，里面就有企业所得税和个人所得税的征管办法。1958 年和 1973 年，我国的税制进行了两次重大改革，简化了税制，其中的工商业税（所得税部分）主要还是对集体企业征收，国营企业只征工商税，不征所得税。

改革开放后，我国税制建设进入一个新的发展时期，税收收入逐渐成为政府财政收入的主要来源，同时税收也成为国家宏观经济调控的重要手段。

1980 年，企业所得税率定为 30%，另按应纳所得税额附征 10% 的地方所得税。1981 年又实行 20% 到 40% 的 5 级超额累进税率，另按应纳税的所得额附征 10% 的地方所得税。1983 年，国务院决定在全国试行国营企业“利改税”。1985 年，集体企业实行 10% 到 55% 的 8 级超额累进税率。1988 年，私营企业所得税实行 35% 的税率。

我国进一步扩大改革开放后，对企业所得税又进行了改革。1993 年国务院制定了一系列的所得税条例、征收办法，使得我国的所得税制度向法制化、科学化和规范化的方向迈进。

2007 年 3 月，在第十届全国人民代表大会第五次会议上，通过了《中华人民共和国企业所得税法》，这是我国企业所得税发展史的一个新的里程碑。2017 年 2 月，第十二届全国人民代表大会常务委员会《关于修改〈中华人民共和国企业所得税法〉的决定》修订。现行企业所得税法是在 2018 年 12 月第十三届全国人民代表大会常务委员会上修改过的。

### 3.1.2 纳税人与税率

企业所得税是对我国境内企业和其他取得收入的组织以其生产经营所得和其他所得征税的一个税种，企业所得税纳税人应依法缴纳企业所得税，但个人独资企业及合伙企业除外（为了避免重复征税，这两类企业征收个人所得税）。

1. 纳税人

企业所得税的纳税人是所有实行独立经济核算的中国境内的内资企业或其他组织，主要包括 6 类：国有企业、集体企业、私营企业、联营企业、股份制企业、有生产经营所得和其他所得的其他组织。

企业所得税的征税对象是纳税人的所得，包括销售货物所得、提供劳务所得、转让财产所得、股息红利所得等权益性投资所得、利息所得、租金所得、特许权使用费所得、接受捐赠所得和其他所得。

居民企业应当就其来源于中国境内、境外的所得缴纳企业所得税。

2. 一般税率

从 2008 年 1 月 1 日起，我国企业所得税基本税率为 25%；在中国境内未设立机构、场所的非居民企业，或虽然在中国境内设立机构、场所但其取得的所得与其所设机构、场所没有实际联系的非居民企业适用 20% 的税率征收企业所得税；符合条件的小型微利企业适用税率是 20%；国家需要重点扶持的高新技术企业适用税率 15%。

### 3.1.3 应纳税所得额的计算

企业所得税应纳税所得额 = 收入总额 − 不征税收入 − 免税收入 − 抵扣项目 − 允许弥补的以前年度的亏损

应纳税额 = 应纳税所得额 × 适用税率 − 减免税额 − 抵免税额

1. 收入总额

企业的收入总额指企业以货币形式和非货币形式从各种来源取得的收入。货币形式包括现金、存款、应收账款、应收票据、准备持有至到期的债券投资以及债务的豁免等；非货币形式，包括固定资产、生物资产、无形资产、股权投资、存货、不准备持有至到期的债券投资、劳务以及有关权益等。

收入主要包括以下 9 种。

（1）销售货物收入，是指企业销售商品、产品、原材料、包装物、低值易耗品以及其他存货取得的收入。

（2）提供劳务收入，是指企业从事建筑安装、修理修配、交通运输、仓储租赁、金融保险、邮电通信、咨询经纪、文化体育、科学研究、技术服务、教育培训、餐饮住宿、中介代理、卫生保健、社区服务、旅游、娱乐、加工以及其他劳务服务活动取得的收入。

（3）转让财产收入，是指企业转让固定资产、生物资产、无形资产、股权、债权等财产取得的收入。

（4）股息、红利等权益性投资收益，是指企业因权益性投资从被投资方取得的收入。

（5）利息收入，是指企业将资金提供他人使用但不构成权益性投资，或者因他人占用本企业资金取得的收入，包括存款利息、贷款利息、债券利息、欠款利息等收入。

（6）租金收入，是指企业提供固定资产、包装物或者其他有形资产的使用权取得的收入。

（7）特许权使用费收入，是指企业提供专利权、非专利技术、商标权、著作权以及其他特许权的使用权取得的收入。

（8）接受捐赠收入是指企业接受的来自其他企业、组织或者个人无偿给予的货币性资产、非货币性资产。

（9）其他收入，是指企业取得以上 8 种收入外的其他收入，包括企业资产溢余收入、逾期未退包装物押金收入、确实无法偿付的应付款项、已作坏账损失处理后又收回的应收款项、债务重组收入、补贴收入、违约金收入、汇兑收益等。

2. 不征税收入

（1）财政拨款。

（2）依法收取并纳入财政管理的行政事业性收费、政府性基金。

（3）国务院规定的其他不征税收入。

3. 免征税收入

（1）国债利息收入（国债持有期间的利息收入，免税；国债转让的价差收入，应税）。

（2）符合条件的居民企业之间的股息、红利等权益性投资收益。

（3）在中国境内设立机构、场所的非居民企业从居民企业取得与该机构、场所有实际联系的股息、红利等权益性投资收益。

（4）符合条件的非营利组织的收入（非营利组织的盈利性收入，应该纳税）。

4. 扣除项目

（1）工资、薪金支出。

（2）职工福利费、工会经费和职工教育经费。

（3）社会保险。

（4）利息支出。

（5）借款费用。

（6）汇兑损失。

（7）业务招待费。

（8）广告费和业务宣传费。

（9）环境保护专项资金。

（10）租赁费。

（11）劳动保护支出。

（12）公益性捐赠支出。

（13）总机构分摊的费用。

（14）资产损失。

（15）根据有关法律、行政法规和国家有关税法规定准予扣除的项目。

（16）手续费及佣金。

（17）以前年度发生应该扣未扣支出的税务处理。

（18）税前扣除规定与企业实际会计处理之间的税务处理。

企业所得税通常按年计征，分月或者分季预缴，到年终时汇算清缴，多退少补。企业所得税的纳税年度是从每年的1月1日起，到12月31日止。通常情况下，企业自年度终了之日起5个月内，向税务机关进行年度企业所得税纳税申报。

## 3.2 企业所得税的新变化

1. 集成电路产业和软件产业企业所得税的优惠

为促进集成电路产业和软件产业高质量发展，2020 年 12 月 11 日，财政部、税务总局、发展改革委、工业和信息化部联合发布了《关于促进集成电路产业和软件产业高质量发展企业所得税政策的公告》(财政部、税务总局、发展改革委、工业和信息化部公告 2020 年第 45 号）。

国家鼓励的集成电路线宽小于 28 纳米（含），且经营期在 15 年以上的集成电路生产企业或项目，第一年至第十年免征企业所得税；国家鼓励的集成电路线宽小于 65 纳米（含），且经营期在 15 年以上的集成电路生产企业或项目，第一年至第五年免征企业所得税，第六年至第十年按照 25% 的法定税率减半征收企业所得税；国家鼓励的集成电路线宽小于 130 纳米（含），且经营期在 10 年以上的集成电路生产企业或项目，第一年至第二年免征企业所得税，第三年至第五年按照 25% 的法定税率减半征收企业所得税。

国家鼓励的线宽小于 130 纳米（含）的集成电路生产企业，属于国家鼓励的集成电路生产企业清单年度之前 5 个纳税年度发生的尚未弥补完的亏损，准予向以后年度结转，总结转年限最长不得超过 10 年。

这里需要注意，能享受这个优惠政策的是国家鼓励的集成电路生产企业或由发展改革委、工业和信息化部会同财政部、税务总局等相关部门制定项目清单中的企业。

如果你的企业符合以上要求，那么最长能享受 10 年的免征企业所得税的优惠。现在国家鼓励发展集成电路，企业可以结合自己公司的实际情况加以利用。

国家对集成电路的扶持力度还是很大的，除了上面对集成电路的优惠，还有相关企业及软件企业的优惠政策，具体如下：

国家鼓励的集成电路设计、装备、材料、封装、测试企业和软件企业，自获利年度起，第一年至第二年免征企业所得税，第三年至第五年按照

25% 的法定税率减半征收企业所得税。

这里需要注意，国家鼓励的集成电路设计、装备、材料、封装、测试企业和软件企业条件，由工业和信息化部会同发展改革委、财政部、税务总局等相关部门制定。

国家鼓励的重点集成电路设计企业和软件企业，自获利年度起，第一年至第五年免征企业所得税，接续年度减按 10% 的税率征收企业所得税。

需要注意的是，国家鼓励的重点集成电路设计和软件企业清单由发展改革委、工业和信息化部会同财政部、税务总局等相关部门制定。

如果你的企业属于集成电路企业或从事集成电路项目、软件企业，可能同时符合多项定期减免税优惠政策条件，那么你要根据自己企业的具体情况选择其中的一项政策享受相关优惠。注意，不能同时享受所有优惠政策。如果你的企业已经享受优惠了，也可以在剩余期限内选择其中一项最适合自己企业的政策享受相关优惠。

这里需要注意，这个公告从 2020 年 1 月 1 日起开始执行。

2. 公益性捐赠支出

2020 年 5 月 13 日，财政部、税务总局和民政部联合发布《关于公益性捐赠税前扣除有关事项的公告》（财政部公告 2020 年第 27 号）。公告中对公益性捐赠支出作了规定。

一、企业或个人通过公益性社会组织、县级以上人民政府及其部门等国家机关，用于符合法律规定的公益慈善事业捐赠支出，准予按税法规定在计算应纳税所得额时扣除。

…………

（三）具有公开募捐资格的社会组织，前两年度每年用于公益慈善事业的支出占上年总收入的比例均不得低于 70%。计算该支出比例时，可以用前三年收入平均数代替上年总收入。

不具有公开募捐资格的社会组织，前两年度每年用于公益慈善事业的支出占上年末净资产的比例均不得低于 8%。计算该比例时，可以用前三年年末净资产平均数代替上年末净资产。

（四）具有公开募捐资格的社会组织，前两年度每年支出的管理费用占当年总支出的比例均不得高于10%。

不具有公开募捐资格的社会组织，前两年每年支出的管理费用占当年总支出的比例均不得高于12%。

（五）具有非营利组织免税资格，且免税资格在有效期内。

（六）前两年度未受到登记管理机关行政处罚（警告除外）。

（七）前两年度未被登记管理机关列入严重违法失信名单。

（八）社会组织评估等级为3A以上（含3A）且该评估结果在确认公益性捐赠税前扣除资格时仍在有效期内。

…………

3. 企业职工教育经费

2018年5月7日，财政部和国家税务总局下发《关于企业职工教育经费税前扣除政策的通知》（财税〔2018〕51号）。

通知中规定，企业发生的职工教育经费支出，只要不超过工资薪金总额8%的部分，准予在计算企业所得税应纳税所得额时扣除。对于超过的部分，准予在以后纳税年度结转扣除。并且这个通知从2018年1月1日起执行。

4. 高新技术企业和科技型中小企业亏损结转年限

2018年7月11日，财政部和国家税务总局下发了《关于延长高新技术企业和科技型中小企业亏损结转年限的通知》（财税〔2018〕76号）。

通知规定，自2018年1月1日起，当年具备高新技术企业或科技型中小企业资格的企业，其具备资格年度之前5个年度发生的尚未弥补完的亏损，准予结转以后年度弥补，最长结转年限由5年延长至10年。

5. 责任保险费

2018年10月31日，国家税务总局下发《关于责任保险费企业所得税税前扣除有关问题的公告》（国家税务总局公告2018年第52号）。

通知规定，企业参加雇主责任险、公众责任险等责任保险，按照规定缴纳的保险费，准予在企业所得税税前扣除。这个公告适用于2018年度及以后年度企业所得税汇算清缴。

6. 小微企业普惠性税收减免

2021年4月7日，国家税务总局发布了《关于落实支持小型微利企业和个体工商户发展所得税优惠政策有关事项的公告》（国家税务总局公告2021年第8号）。

公告规定了小型微利企业所得税优惠的新政策。

2021年1月1日至2022年12月31日，对小型微利企业年应纳税所得额不超过100万元的部分，减按12.5%计入应纳税所得额，按20%的税率缴纳企业所得税。

2019年1月1日至2021年12月31日，对年应纳税所得额超过100万元但不超过300万元的部分，减按50%计入应纳税所得额，按20%的税率缴纳企业所得税。

这个通知中的小型微利企业是指从事国家非限制和禁止行业，且同时符合年度应纳税所得额不超过300万元、从业人数不超过300人、资产总额不超过5 000万元三个条件的企业。

这里的从业人数，包括与企业建立劳动关系的职工人数和企业接受的劳务派遣用工人数，从业人数和资产总额指标，应按企业全年的季度平均值确定。具体计算公式如下：

季度平均值＝（季初值＋季末值）÷2

全年季度平均值＝全年各季度平均值之和 ÷4

如果企业是年度中间开业或者终止经营活动的，应以其实际经营期作为一个纳税年度确定上述相关指标。

符合条件的小微企业，在预缴和汇算清缴企业所得税时，只要填写纳税申报表的相关内容就可以轻松享受小微企业的减免政策。只要符合条件的小微企业，不管企业所得税是查账征收方式还是核定征收方式，都可以享受到这项优惠政策。

## 3.3 创投企业和天使投资个人的税收优惠政策

2018 年 5 月 14 日，财政部、税务总局联合印发了《关于创业投资企业和天使投资个人有关税收政策的通知》（财税〔2018〕55 号），将之前在试点地区实行的创业投资企业和天使投资个人的税收优惠政策推广到全国范围实施。

根据通知内容，我们看出针对不同的企业或者个人，优惠政策也是不一样的，具体如下。

| 投资者类型 | 条　　件 | 优惠政策 |
| --- | --- | --- |
| 公司制创业投资企业 | 采取股权投资方式直接投资于种子期、初创期科技型企业（以下简称初创科技型企业）满 2 年（24 个月，下同） | 按照投资额的 70% 在股权持有满 2 年的当年抵扣该公司制创业投资企业的应纳税所得额；当年不足抵扣的，可以在以后纳税年度结转抵扣 |
| 有限合伙制创业投资企业（以下简称合伙创投企业） | 采取股权投资方式直接投资于初创科技型企业满 2 年的 | 法人合伙人可以按照对初创科技型企业投资额的 70% 抵扣法人合伙人从合伙创投企业分得的所得；当年不足抵扣的，可以在以后纳税年度结转抵扣 |
| | | 个人合伙人可以按照对初创科技型企业投资额的 70% 抵扣个人合伙人从合伙创投企业分得的经营所得；当年不足抵扣的，可以在以后纳税年度结转抵扣 |
| 天使投资个人 | 采取股权投资方式直接投资于初创科技型企业满 2 年 | 可以按照投资额的 70% 抵扣转让该初创科技型企业股权取得的应纳税所得额；当期不足抵扣的，可以在以后取得转让该初创科技型企业股权的应纳税所得额时结转抵扣 |

如果天使投资个人投资了多个初创科技型企业，对其中办理注销清算的初创科技型企业，天使投资个人对其投资额的 70% 尚未抵扣完的，可自注销清算之日起 36 个月内抵扣天使投资个人转让其他初创科技型企业股权取得的应纳税所得额。

初创科技型企业应同时符合以下五个条件，才能享受到这个优惠政策。

| | |
| --- | --- |
| 注册地 | 在中国境内（不包括港、澳、台地区）注册成立、实行查账征收的居民企业 |
| 人员、资产、收入 | 接受投资时，从业人数不超过 200 人，其中具有大学本科以上学历的从业人数不低于 30%；资产总额和年销售收入均不超过 3 000 万元 |
| 设立时间 | 接受投资时设立时间不超过 5 年（60 个月） |
| 是否上市 | 接受投资时以及接受投资后 2 年内未在境内外证券交易所上市 |
| 研发费用 | 接受投资当年及下一纳税年度，研发费用总额占成本费用支出的比例不低于 20% |

创业投资企业应同时符合以下三个条件，才能享受到这个优惠政策。

| | |
|---|---|
| 注册要求 | 在中国境内（不含港、澳、台地区）注册成立、实行查账征收的居民企业或合伙创投企业，且不属于被投资初创科技型企业的发起人 |
| 备案、运作要求 | 符合《创业投资企业管理暂行办法》（发展改革委等10部门令第39号）规定或者《私募投资基金监督管理暂行办法》（证监会令第105号）关于创业投资基金的特别规定，按照上述规定完成备案且规范运作 |
| 股权比例要求 | 投资后2年内，创业投资企业及其关联方持有被投资初创科技型企业的股权比例合计应低于50% |

天使投资个人应满足以下两个条件，才能享受到这个优惠政策。

| | |
|---|---|
| 身份限制 | 不属于被投资初创科技型企业的发起人、雇员或其亲属（包括配偶、父母、子女、祖父母、外祖父母、孙子女、外孙子女、兄弟姐妹，下同），且与被投资初创科技型企业不存在劳务派遣等关系 |
| 股权比例要求 | 投资后2年内，本人及其亲属持有被投资初创科技型企业股权比例合计应低于50% |

还有一个要求，就是享受财税〔2018〕55号通知中规定的税收政策的投资，仅限于通过向被投资初创科技型企业直接支付现金方式取得的股权投资，不包括受让其他股东的存量股权。

管理事项及管理要求如下。

| | |
|---|---|
| 研发费口径 | 按照《财政部、国家税务总局 科技部关于完善研究开发费用税前加计扣除政策的通知》（财税〔2015〕119号）等规定执行 |
| 从业人数 | 包括与企业建立劳动关系的职工人员及企业接受的劳务派遣人员。从业人数和资产总额指标，按照企业接受投资前连续12个月的平均数计算，不足12个月的，按实际月数平均计算 |
| 销售收入 | 包括主营业务收入与其他业务收入；年销售收入指标，按照企业接受投资前连续12个月的累计数计算，不足12个月的，按实际月数累计计算 |
| 成本费用 | 包括主营业务成本、其他业务成本、销售费用、管理费用、财务费用 |
| 投资额及所得 | 按照创业投资企业或天使投资个人对初创科技型企业的实缴投资额确定 |
| | 合伙创投企业的合伙人对初创科技型企业的投资额，按照合伙创投企业对初创科技型企业的实缴投资额和合伙协议约定的合伙人占合伙创投企业的出资比例计算确定 |
| | 合伙人从合伙创投企业分得的所得，按照《财政部、国家税务总局关于合伙企业合伙人所得税问题的通知》（财税〔2008〕159号）规定计算 |

这个通知中规定的天使投资个人所得税政策从2018年7月1日起执行，其他各项政策自2018年1月1日起执行。执行日期前2年内发生的投资，在执行日期后投资满2年，且符合本通知规定的其他条件的，也适用本通知规定的税收政策。

2019年1月17日，财政部和税务总局发布的《关于实施小微企业普惠性税收减免政策的通知》（财税〔2019〕13号），又将财税

〔2018〕55号中关于初创科技型企业条件中的“从业人数不超过200人”调整为“从业人数不超过300人”，“资产总额和年销售收入均不超过3 000万元”调整为“资产总额和年销售收入均不超过5 000万元”，也就是进一步加大了优惠的力度。

另外，2019年1月1日至2021年12月31日期间发生的投资，投资满2年且符合财税〔2019〕13号中规定的和财税〔2018〕55号文件中规定的其他条件的，可以适用财税〔2018〕55号文件规定的税收政策。

2019年1月1日前2年内发生的投资，从2019年1月1日起投资满2年且符合本通知规定和财税〔2018〕55号文件规定的其他条件的，可以适用财税〔2018〕55号文件规定的税收政策。

假如有一家创业投资企业在2017年3月投资了一家从业人数为260人，资产总额为4 000万元，年销售收入为1 000万元的初创科技型企业，根据财税〔2018〕55号文件是不能享受到税收优惠的，但是根据财税〔2019〕13号文件，2017年3月属于2019年1月1日前2年内发生的投资，如果满足财税〔2018〕55号文件和财税〔2019〕13号文件规定的其他条件，就可以享受到2019年度开始的创业投资企业税收优惠政策，可以省下不少所得税。

## 3.4 海南自由贸易港所得税优惠政策

2020年6月23日，为支持海南自由贸易港建设，财政部、税务总局连发了《关于海南自由贸易港企业所得税优惠政策的通知》（财税〔2020〕31号）以及《关于海南自由贸易港高端紧缺人才个人所得税政策的通知》（财税〔2020〕32号）两项所得税优惠政策。

其中，关于企业所得税的优惠政策有三项，优惠的时间是从2020年1月1日起至2024年12月31日结束。

一、对注册在海南自由贸易港并实质性运营的鼓励类产业企业，减按15%的税率征收企业所得税。

这里的所谓鼓励类产业企业，是指以海南自由贸易港鼓励类产业目录中规定的产业项目为主营业务，且其主营业务收入占企业收入总额60%以上的企业。所谓的实质性运营，是指企业的实际管理机构设在海南自由贸易港，并对企业生产经营、人员、账务、财产等实施实质性全面管理和控制。

对于总机构设在海南自由贸易港的符合条件的企业，仅就其设在海南自由贸易港的总机构和分支机构的所得，适用15%税率；对总机构设在海南自由贸易港以外的企业，仅就其设在海南自由贸易港内的符合条件的分支机构的所得，适用15%税率。

二、对在海南自由贸易港设立的旅游业、现代服务业、高新技术产业企业新增境外直接投资取得的所得，免征企业所得税。

这里的新增境外直接投资所得要符合以下条件：

（1）从境外新设分支机构取得的营业利润，或从持股比例超过20%（含）的境外子公司分回的，与新增境外直接投资相对应的股息所得；

（2）被投资国（地区）的企业所得税法定税率不低于5%。

三、对在海南自由贸易港设立的企业，新购置（含自建、自行开发）固定资产或无形资产，单位价值不超过500万元（含）的，允许一次性计入当期成本费用在计算应纳税所得额时扣除，不再分年度计算折旧和摊销；新购置（含自建、自行开发）固定资产或无形资产，单位价值超过500万元的，可以缩短折旧、摊销年限或采取加速折旧、摊销的方法。

这里的固定资产，是指除房屋、建筑物以外的固定资产。

关于个人所得税优惠政策，自2020年1月1日起至2024年12月31日，对在海南自由贸易港工作的高端人才和紧缺人才，其个人所得税实际税负超过15%的部分，予以免征。

这里的高端人才和紧缺人才实行清单管理，由海南省商财政部、税务总局制定具体管理办法。这里的所得包括来源于海南自由贸易港的综合所得（包括工资薪金、劳务报酬、稿酬、特许权使用费四项所得）、经营所得以及经海南省认定的人才补贴性所得。享受该优惠的纳税人在海南省办理个人所得税年度汇算清缴时就能享受。

## 3.5 企业汇算清缴申报表新变化

2020 年 12 月 30 日，国家税务总局发布了《关于修订企业所得税年度纳税申报表的公告》，税务总局对《中华人民共和国企业所得税年度纳税申报表（A 类，2017 年版）》部分表单和填报说明进行修订，公告规定，从 2020 年度及以后年度企业所得税汇算清缴申报将按照新修订的表格填写。

这次修订一共对 13 张表单进行了修订。其中，修改填报说明的表单有 2 张，包括《中华人民共和国企业所得税年度纳税申报表（A 类）》（A100000）和《境外所得税收抵免明细表》（A108000），剩下的 11 张是对表单样式及其填报说明进行调整的，具体内容如下。

《企业所得税年度纳税申报基础信息表》（A000000）

将“203 选择采用的境外所得抵免方式”改为“203-1 选择采用的境外所得抵免方式”，新增“203-2 海南自由贸易港新增境外直接投资信息”，适用于填报享受境外所得免征企业所得税优惠政策条件的相关信息。

在“209 集成电路生产项目类型”下新增“28 纳米”选项，同时调整“208 软件、集成电路企业类型”的填报说明。

调整“107 适用会计准则或会计制度”的填报说明，在《会计准则或会计制度类型代码表》中新增“800 政府会计准则”。

《纳税调整项目明细表》（A105000）

在第 39 行“特殊行业准备金”项目中新增保险公司、证券行业、期货行业、中小企业融资（信用）担保机构相关行次，用于填报准备金纳税调整情况。

《捐赠支出及纳税调整明细表》（A105070）

对“全额扣除的公益性捐赠”部分，通过填报事项代码的方式，满足“扶贫捐赠”“北京2022年冬奥会、冬残奥会、测试赛捐赠”“杭州2022年亚运会捐赠”“支持新型冠状病毒感染的肺炎疫情防控捐赠”等全额扣除政策的填报需要。

《资产折旧、摊销及纳税调整明细表》（A105080）

新增第10行“海南自由贸易港企业固定资产加速折旧”、第12行“疫情防控重点保障物资生产企业单价500万元以上设备一次性扣除”、第13行“海南自由贸易港企业固定资产一次性扣除”、第31行“海南自由贸易港企业无形资产加速摊销”、第32行“海南自由贸易港企业无形资产一次性摊销”，适用于填报上述政策涉及的资产折旧、摊销情况及优惠统计情况。

《资产损失税前扣除及纳税调整明细表》（A105090）

将第1列名称修改为“资产损失直接计入本年损益金额”，新增第2列“资产损失准备金核销金额”和第18行“贷款损失”。

《贷款损失准备金及纳税调整明细表》（A105120）

大幅度缩减了原表的填报范围，仅发生贷款损失准备金的金融企业、小额贷款公司的纳税人需要填报，并将表单名称修改为《贷款损失准备金及纳税调整明细表》。同时，取消保险公司、证券行业、期货行业、中小企业融资（信用）担保机构相关行次，将相关行次简并、优化至《纳税调整项目明细表》（A105000）。

根据金融企业贷款准备金业务财务核算方式，以贷款资产和准备金的“余额”为核心数据项，重新确定了表单结构和填报规则，更好地与企业财务核算方式衔接。

《企业所得税弥补亏损明细表》（A106000）

新增第5列“合并、分立转入的亏损额—可弥补年限8年”，同时更新“弥补亏损企业类型”代码表，增加“线宽小于130纳米（含）的集成电路生产企业”“受疫情影响困难行业企业”“电影行业企业”选项，纳税人可根据最新政策规定填报。

《所得减免优惠明细表》（A107020）

新增“线宽小于28纳米（含）的集成电路生产项目减免企业所得税”项目，纳税人可根据最新政策规定填报。

修改第10行至第12行“四、符合条件的技术转让项目”的填报规则，纳税人可根据最新政策规定，选择相应项目进行填报。

《减免所得税优惠明细表》（A107040）

新增第28.2行“上海自贸试验区临港新片区的重点产业企业减按15%的税率征收企业所得税”和第28.3行“海南自由贸易港鼓励类企业减按15%税率征收企业所得税”，适用于填报上海自贸试验区临港新片区重点产业企业优惠政策和海南自由贸易港鼓励类企业优惠政策情况。

新增第28.4行“国家鼓励的集成电路和软件企业减免企业所得税政策”及下级行次，适用于填报集成电路和软件企业所得税优惠政策情况。

增加了第32行“符合条件的公司型创投企业按照企业年末个人股东持股比例减免企业所得税”行次，适用于填报公司型创投企业所得税优惠政策情况。

《软件、集成电路企业优惠情况及明细表》（A107042）

对原表单进行全面精简，数据项由22项压减至11项，纳税人可根据有关政策规定，选择相应的数据项填报。

《境外所得纳税调整后所得明细表》（A108010）

新增“海南自由贸易港企业新增境外直接投资所得”部分，适用于填报海南自由贸易港企业新增境外直接投资所得免税政策有关情况。

# 第 4 章　个人所得税的变化及计算

## 4.1　个人所得税概述

### 4.1.1　个人所得税的发展历史

1. 各国个人所得税的发展

1799 年，英国首相小皮特颁布了世界上第一部个人所得税法，因为它充分体现了按照个人实际经济能力征税的现代化征税原则，可以最大限度地实现征税的公正性，所以很快风靡世界。

1861 年，美国的联邦所得税只对个人所得征收，到了 1894 年美国的联邦所得税既对企业所得征税也对个人所得征税。美国的这种征税方法一直沿用到现在。

德国是在 1891 年开始征收个人所得税的，主持开征个人所得税的是米魁，他在青年时期是马克思的朋友，他的税法改革与人类历史上所有税法改革都不同。他的税法改革的目的是追求征税的社会公正，改变以往富人少缴税，而穷人却承担大部分税负的情况，确实贯彻了按实际能力征税的原则，使得税负在国民中合理分担。

1900 年，法国卡约提出了开征个人所得税的方案，方案中特别加重对富人的征税。对高收入采取两段征税，前一段按正常比例征税，后一段按照累进税率加征附加税。1917 年，法国通过颁发的三部法律建立了现代化的个人所得税制度。

2. 各国个人所得税的免征情况

英国个人所得税除了普通免征额 11 500 英镑外，对盲人增加了一个 2 320 英镑的附加免征额。英国个人所得税允许的专项扣除有：配偶生活费扣除，孩子抚养费扣除，慈善捐款扣除等。

法国个人所得税允许的专项扣除有：孩子的抚养费，慈善机构的捐款，人寿保险，雇人小孩看护费，雇佣家政服务费，工会会员费。

德国个人所得税允许的专项扣除有：孩子的抚养费，自我职业教育费用，购买的商业养老保险费，单亲家庭特殊扣除，意外事故损失，购买自住房或建造自住房，还有残疾人雇人的看护费、钟点工费可以扣除等。

美国联邦所得税主要跟国籍和绿卡挂钩，拥有的人其在全世界的收入都要征收美国联邦所得税。美国个人所得税允许的专项扣除有：纳税人自己承担的医疗费用部分扣除，允许赡养费扣除，允许为教育费用扣除，除了法定医疗保险费外，允许纳税人自己购买的商业医疗保险的费用扣除。

3. 我国个人所得税的发展

相对来说，我国的个人所得税起步比较晚。1950 年，政务院公布的《税政实施要则》中才看到个人所得课税的税种，不过当时名为“薪金报酬所得税”。不过因为当时我国生产力和人均收入水平低，虽然设立了税种，却一直没有开征。

1980 年，第五届全国人民代表大会第三次会议上通过了《中华人民共和国个人所得税法》，并确定从 1981 年开始征收个人所得税，征税内容主要包括工资、薪金所得、经营所得以及其他的各类规定的收入和报酬。1981 年版个税适用超额累进税率，规定免征额是 800 元，不过当时民众的工资普遍都很低，所以当时的个税征收对象并不多。

从1986年开始，我国个人收入差距开始扩大，国务院规定将国内居民的纳税扣除额标准调整为400元，但是外籍人士的800元扣除标准并没有改变，内外双轨的标准由此产生。

1993年，随着市场经济的确立，民众要求税法统一、税负公平、税制简化，于是在第八届全国人大第四次会议上个人所得税法有了第一次修订。配套新修改的《中华人民共和国个人所得税法》，1994年国务院发布了《中华人民共和国个人所得税法实施条例》。

2005年，《中华人民共和国个人所得税法》第三次修订，将免征额提升到1 600元，于2006年1月1日施行。

2007年，第十届全国人大对个人所得税法进行了第四次修订，将个人所得税的免征额提升到2 000元，2011年又将免征额提升到3 500元，同时将个人所得税第1级税率由5%修改为3%，9级超额累进税率修改为7级，取消15%和40%两档税率，扩大3%和10%两个低档税率和45%最高档税率的适用范围等。

2018年，个人所得税法迎来了第七次大修，工资薪金、劳务报酬、稿酬和特许权使用费等四项劳动性所得首次实行综合征税；个税免征额提高至每月5 000元；首次增加了子女教育支出、继续教育支出、大病医疗支出、住房贷款利息和住房租金等专项附加扣除；优化调整税率结构，扩大低档税率级距。

### 4.1.2 个人所得税的简单介绍

个人所得税是以个人取得的各类应税所得为征税对象而征收的一种所得税。

1. 纳税义务人

个人所得税的纳税义务人，既包括居民纳税义务人，也包括非居民纳税义务人。居民纳税义务人负有完全纳税的义务，其取得的应纳税所得，无论是来源于中国境内，还是境外任何地方，全部所得都必须在中国缴纳个人所得税。

根据《中华人民共和国个人所得税法》规定，居民是指在中国境内有住所，或者无住所而一个纳税年度（自公历1月1日起至12月31日止，下同）内在中国境内居住累计满183天的个人，为居民个人。

非居民纳税义务人，是指不符合居民纳税义务人判断标准的纳税义务人，非居民纳税义务人承担有限纳税义务，仅就其来源于中国境内的所得，向中国缴纳个人所得税。根据《中华人民共和国个人所得税法》规定，在中国境内无住所又不居住，或者无住所而一个纳税年度内在中国境内居住累计不满183天的个人，为非居民个人。

2. 征收范围

（1）工资、薪金所得，是指个人因任职或者受雇取得的工资、薪金、奖金、年终加薪、劳动分红、津贴、补贴以及与任职或者受雇有关的其他所得。

（2）劳务报酬所得，是指个人从事劳务取得的所得，包括从事设计、装潢、安装、制图、化验、测试、医疗、法律、会计、咨询、讲学、翻译、审稿、书画、雕刻、影视、录音、录像、演出、表演、广告、展览、技术服务、介绍服务、经纪服务、代办服务以及其他劳务取得的所得。

（3）稿酬所得，是指个人因其作品以图书、报刊等形式出版、发表而取得的所得。

（4）特许权使用费所得，是指个人提供专利权、商标权、著作权、非专利技术以及其他特许权的使用权取得的所得；提供著作权的使用权取得的所得，不包括稿酬所得。

（5）经营所得，主要包括以下四种：①个体工商户从事生产、经营活动取得的所得，个人独资企业投资人、合伙企业的个人合伙人来源于境内注册的个人独资企业、合伙企业生产、经营的所得；②个人依法从事办学、医疗、咨询以及其他有偿服务活动取得的所得；③个人对企业、事业单位承包经营、承租经营以及转包、转租取得的所得；④个人从事其他生产、经营活动取得的所得。

（6）利息、股息、红利所得，是指个人拥有债权、股权等而取得的利息、股息、红利所得。

（7）财产租赁所得，是指个人出租不动产、机器设备、车船以及其他财产取得的所得。

（8）财产转让所得，是指个人转让有价证券、股权、合伙企业中的财产份额、不动产、机器设备、车船以及其他财产取得的所得。

（9）偶然所得，是指个人得奖、中奖、中彩以及其他偶然性质的所得。

居民个人取得的（1）~（4）项所得称为综合所得，按纳税年度合并计算个人所得税；而非居民取得的（1）~（4）项所得，按月或者按次分项计算个人所得税。纳税人取得的（5）~（9）项，分别计算个人所得税。

3. 税率

（1）综合所得，适用3%至45%的超额累进税率（见个人所得税税率表一）。

（2）经营所得，适用5%至35%的超额累进税率（见个人所得税税率表二）。

（3）利息、股息、红利所得，财产租赁所得，财产转让所得和偶然所得，适用比例税率，税率为20%。

个人所得税税率表一（综合所得适用）

| 级　数 | 全年应纳税所得额 | 税　率 | 速算扣除数 |
|---|---|---|---|
| 1 | 不超过36 000元的 | 3% | 0 |
| 2 | 超过36 000元至144 000元的部分 | 10% | 2 520 |
| 3 | 超过144 000元至300 000元的部分 | 20% | 16 920 |
| 4 | 超过300 000元至420 000元的部分 | 25% | 31 920 |
| 5 | 超过420 000元至660 000元的部分 | 30% | 52 920 |
| 6 | 超过660 000元至960 000元的部分 | 35% | 85 920 |
| 7 | 超过960 000元的部分 | 45% | 181 920 |

个人所得税税率表二（经营所得适用）

| 级　数 | 全年应纳税所得额 | 税　率 | 速算扣除数 |
|---|---|---|---|
| 1 | 不超过30 000元的 | 5% | 0 |
| 2 | 超过30 000元至90 000元的部分 | 10% | 1 500 |

续表

| 级　数 | 全年应纳税所得额 | 税　率 | 速算扣除数 |
| --- | --- | --- | --- |
| 3 | 超过 90 000 元至 300 000 元的部分 | 20% | 10 500 |
| 4 | 超过 300 000 元至 500 000 元的部分 | 30% | 40 500 |
| 5 | 超过 500 000 元的部分 | 35% | 65 500 |



4. 免收个人所得税的项目

（1）省级人民政府、国务院部委和中国人民解放军军以上单位，以及外国组织、国际组织颁发的科学、教育、技术、文化、卫生、体育、环境保护等方面的奖金。

（2）国债和国家发行的金融债券利息。

（3）按照国家统一规定发给的补贴、津贴。

（4）福利费、抚恤金、救济金。

（5）保险赔款。

（6）军人的转业费、复员费、退役金。

（7）按照国家统一规定发给干部、职工的安家费、退职费、基本养老金或者退休费、离休费、离休生活补助费。

（8）依照有关法律规定应予免税的各国驻华使馆、领事馆的外交代表、领事官员和其他人员的所得。

（9）中国政府参加的国际公约、签订的协议中规定免税的所得。

（10）国务院规定的其他免税所得（需要国务院报全国人民代表大会常务委员会备案）。

对于残疾、孤老人员和烈属的所得或因自然灾害遭受重大损失的，可以减征个人所得税，具体幅度和期限由省、自治区、直辖市人民政府规定，并报同级人民代表大会常务委员会备案。

5. 减征个人所得税的项目

新个人所得税法规定可以减征个人所得税的项目主要有以下两条，具体幅度和期限，由省、自治区、直辖市人民政府规定，并报同级人民代表大会常务委员会备案。

（1）残疾、孤老人员和烈属的所得。

（2）因自然灾害遭受重大损失的。

国务院可以规定其他减税情形，报全国人民代表大会常务委员会备案。

6. 计算方法

个人所得税应纳税所得额 = 月度收入－ 5 000 元（免征额）－专项扣除（三险一金等）－专项附加扣除－依法确定的其他扣除

其中劳务报酬所得、稿酬所得、特许权使用费所得以收入减除 20% 的费用后的余额为收入额。稿酬所得的收入额减按 70% 计算。

## 4.2　个人所得税法的新变化

2018 年 8 月 31 日，第十三届全国人民代表大会常务委员会第五次会议通过了《关于修改〈中华人民共和国个人所得税法〉的决定》，个人所得税修改后，有哪些新变化呢？下面总结一下。

1. 调整了纳税人身份分类

新个人所得税法将纳税人分为居民纳税义务人和非居民纳税义务人。根据新税法的规定，中国居民自然是居民纳税义务人，港澳台同胞、外国人在一个纳税年度中在中国境内居住累计超过 183 天 ( 即半年 ) 的个人也是居民纳税义务人。

在中国境内无住所又不居住，或者无住所而一个纳税年度内在中国境内居住累计不满 183 天的个人，其综合所得按项目、分月或者按次征收个人所得税。

2. 增值加了一个新概念——综合所得

所谓综合所得就是把工资薪金所得、劳务报酬所得、稿酬所得、特许权使用费所得这四大类收入都归到综合所得中，这四类收入将合并计算个人所得税。

3. 按年计算个税

以前的个人所得税都是按月缴纳的，这次个税修改后综合所得个人所得税的计算改为以年为单位计算个税，即月度预缴、年度汇算清缴的方式，根据个人所得税法规定，综合所得按年计算，在取得所得的次年3月1日到6月30日内办理个人所得税汇算清缴。

4. 扩大了减除费用

新个人所得税法扩大了减除费用的扣除范围，综合所得的费用扣除额由原来的每月3 500元，扩大为每年60 000元。取得综合所得的个人，除了原来税法规定的社保、公积金扣除项以外，扩大为六大扣除项，包括：基本养老保险、基本医疗保险、失业保险等社保保险费和住房公积金等、子女教育、继续教育、大病医疗、住房贷款利息或住房租金、赡养老人等支出。此外，稿酬所得的收入额减按70%计算。取得经营所得的个人，没有综合所得，在计算其应纳税所得额时，应当减除费用6万元、专项扣除、专项附加扣除以及依法确定的其他扣除。专项附加扣除在办理汇算清缴时减除。

5. 增加了公益捐赠的扣除

个人将其所得通过中国境内的公益性社会组织、国家机关对教育、扶贫、济困等公益慈善事业进行捐赠的，捐赠额未超过纳税人申报应纳税所得额30%的部分，准予扣除。

6. 调整了综合所得税的税率

将之前3%、10%、20%、25%四档税率的税距进行了扩大，比如原来按月超过免税扣除额0~1 500元适用3%税率，新个人所得税法扩大到0~3 000元适用3%，对一些中等收入的个人（年收入低于36万的人）来说，个税负担降低。

对30%、35%、45%三档税率的税距没有进行调整。

7. 增加了反避税条款

个人所得税法第八条规定，税务机关有权对以下情况按照合理的方法进行纳税调整。

（1）个人与其关联方之间不符合独立交易原则而减少个人或关联方应纳税额，且无正当理由的。

（2）居民个人控制的企业，或者居民个人和居民企业共同控制的设立在实际税负明显偏低的国家（地区）的企业，无合理经营需要，对应当归属居民个人的利润不作分配或减少分配。

（3）个人实施其他不具有合理商业目的的安排而获取不当税收利益的。

税务机关根据规定作出纳税调整需要补征税款的，除了需补交税款，还依法加收利息。

8. 加大了征收管理的力度

个人所得税法第十五条规定，公安、人民银行、金融监管机构等相关部门应当协助税务机关确认纳税人的身份、金融账户信息。教育、卫生、医疗保障、民政、人力资源社会保障、住房城乡建设、公安、人民银行、金融监管管理等相关部门应当向税务机关提供纳税人子女教育、继续教育、大病医疗、住房贷款利息、住房租金、赡养老人等专项附加扣除信息。

个人转让不动产的，税务机关应当根据不动产登记等相关信息核验应缴的个人所得税，登记机构办理转移登记时，应当查验与该不动产转让相关的个人所得税的完税凭证。

个人转让股权办理变更登记的，市场主体登记机关应当查验与该股权交易相关的个人所得税的完税凭证。

对于这些新的变化，在申报个人所得税要注意新政策的优惠，以免多缴或少缴个税。

## 4.3 不用缴纳个人所得税的收入

新的个人所得税法对免征个税也有明确的说明，总结如下，方便大家申报个税。

1. 按照国家统一规定发放的补贴、津贴

根据《中华人民共和国个人所得税法实施条例》的规定，国家统一规定发放的补贴、津贴，是指按照国务院规定发给的政府特殊津贴、院士津贴，以及国务院规定免纳个人所得税的其他补贴、津贴。

2. 福利费

这里免征个税的福利费是指根据国家有关规定，从企业、事业单位、国家机关、社会组织提留的福利费或者工会经费中支付给个人的生活补助费，如果超出了国家规定的比例或基数计提的福利费、工会经费中支付给个人的各种补贴、补助等则不属于免税的福利费范围，应计征个人所得税。

3. 差旅费津贴

根据《国家税务总局关于印发〈征收个人所得税若干问题的规定〉的公告》（国税发〔1994〕089 号）规定，“差旅费津贴”不属于工资、薪金性质的补贴、津贴或不属于纳税人本人工资、薪金所得项目收入，不征个人所得税。

但是国家税务总局于 2012 年 4 月 11 日在线答疑：现金方式给出差人员发放交通费、餐费补贴应征收个人所得税；实际发生的交通费、餐费发票作为公司费用予以报销的，可以不作为个人所得征收个人所得税。

由于差旅费补助的标准由财政部门制定，但是只对中央和国家机关以及参照公务员法管理的事业单位有明确的规定，对于企业的还没有制定出具体的标准。目前企业的具体扣除情况，不同地区有不同的政策。虽然税务部门无权干涉企业内部的经营，但是对税前“合理”支出的标准是有权进行调整的，所以企业的差旅费津贴列支应当合理、合法，并符合商业活动实质，并有明确的企业制度为依据，不能以规避税款为目的。

4. 上市公司股息红利

根据《关于上市公司股息红利差别化个人所得税政策等有关问题的通知》（财税〔2015〕101 号），个人从公开发行的转让市场取得的上市公司股票，个人持股期限超过 1 年的，上市公司在派发股息红利时暂不扣缴个人所得税，待个人转让股票时，由证券等股份托管机构从个人资金账户中扣收并划付证券登记结算公司，证券结算公司再划付上市公司，然后上市公司向税务机关申报。

对于居民个人取得的股票期权、股票增值权、限制性股票、股权奖励等股权激励（以下简称股权激励），符合《财政部、国家税务总局关于个人股票期权所得征收个人所得税问题的通知》（财税〔2005〕35号）、《财政部、国家税务总局关于股票增值权所得和限制性股票所得征收个人所得税有关问题的通知》（财税〔2009〕5号）、《财政部、国家税务总局关于将国家自主创新示范区有关税收试点政策推广到全国范围实施的通知》（财税〔2015〕116号）第四条、《财政部、国家税务总局关于完善股权激励和技术入股有关所得税政策的通知》（财税〔2016〕101号）第四条第（一）项规定的相关条件的，在2021年12月31日前，不并入当年综合所得，全额单独适用综合所得税率表，计算纳税。

计算公式为：

应纳税额=股权激励收入×适用税率−速算扣除数

对于居民个人在一个纳税年度内取得两次以上（含两次）股权激励的，应合并按上面的规定计算纳税。到2022年1月1日后，股权激励政策将另行规定。

5. 五险一金

《财政部、国家税务总局关于基本养老保险费、基本医疗保险费、失业保险费、住房公积金有关个人所得税政策的通知》（财税〔2006〕10号）作出规定。

企事业单位，按照国家或省（自治区、直辖市）人民政府规定的缴费比例或办法实际缴付的基本养老保险费、基本医疗保险费、失业保险费，免征个人所得税；个人按照国家或省（自治区、直辖市）人民政府规定的缴费比例或办法实际缴付的基本养老保险费、基本医疗保险费和失业保险费，允许在个人应纳税所得额中扣除。企事业单位和个人超过规定比例和标准缴付的，应将超过部分并入个人当期的工资、薪金收入，计征个人所得税。

住房公积金：单位和个人分别在不超过职工本人上一年度月平均工

资 12% 的幅度内实际缴存的住房公积金，允许在个人应纳税所得额中扣除。单位和职工个人缴存的住房公积金的月平均工资不得超过职工工作地所在设区城市上一年度职工月平均工资的 3 倍。

新个人所得税法中，除了原有的五险一金专项扣除项目外，还规定了子女教育、继续教育、大病医疗、住房贷款利息或住房租金、赡养老人支出等专项附加扣除。专项附加扣除的设立，不仅能够进一步减轻纳税人税负，还体现出了新个人所得税的公平性。

## 4.4 个人所得税专项附加扣除

2018 年 12 月 13 日，国务院发布《关于印发个人所得税专项附加扣除暂行办法的通知》（国发〔2018〕41 号）。个人所得税专项附加扣除，其实就是纳税人在计算年度个人所得税应缴纳税额时，除了减除 6 万元和按照国家规定范围和标准缴纳的基本养老保险、基本医疗保险、失业保险等社会保险费和住房公积金等，还可以扣除的 6 项相关费用。

1. 子女教育

通知中规定，纳税人的子女接受全日制学历教育的相关支出，按照每个子女每月 1 000 元的标准扣除，父母可以选择由其中一方按扣除标准的 100% 扣除，也可选择由双方分别按扣除标准的 50% 扣除，不过选择一种扣除方式后，在一个纳税年度内不能变更。

不是所有有子女的纳税人都可以享受这个福利，这个福利需要子女年满 3 岁，且处于受教育阶段，从幼儿园到小学、初中、高中（普通高中、中等职业、技工教育）、大学（大学专科、大学本科、硕士研究生、博士研究生教育），父母都可以填报，无论学校是私立还是公立，都不受影响。

对于学前教育阶段，从子女年满 3 周岁当月至小学入学前 1 个月。学历教育的扣除时间从子女接受全日制教育入学的当月至全日制学历教育结束的当月。

对于子女在中国境外接受教育的纳税人，应当留存境外学校的录取通知书、留学签证等相关教育的证明资料备查。

2. 继续教育

对于纳税人在中国境内接受学历（学位）继续教育的支出，在教育期间按照每月 400 元定额扣除，不过同一学历（学位）的继续教育扣除期限不能超过 48 个月。对于纳税人在接受技能职业资格继续教育、专业技术人员职业资格继续教育支出，在取得相关证书的当年，可以按照 3 600 元的定额标准扣除。纳税人要保留相关证书等资料备查。

对于接受本科及以下学历（学位）继续教育，符合该规定的纳税人，可以选择由其父母扣除，或者由本人扣除。扣除时间从继续教育入学的当月至继续教育结束的当月。

3. 大病医疗

纳税人在一个纳税年度内发生的，与基本医保相关的医药费用支出，扣除医保报销后由个人负担（指医保目录范围内的自付部分）累计超过 15 000 元的部分，可以在当年年度汇算清缴时，在 80 000 元限额内由本人或者其配偶据实扣除。对于未成年子女发生的医疗费用支出部分，可以选择由其父母任意一方扣除。

4. 住房贷款利息

纳税人本人或者配偶，单独或者共同使用商业银行或者住房公积金个人住房贷款为本人或者其配偶购买的中国境内住房，发生的首套住房贷款利息支出，在实际发生贷款利息的年度，按照每月 1 000 元的标准定额扣除，不过扣除期限最长不得超过 240 个月。

需注意纳税人只能享受一次首套住房贷款的利息扣除。这项扣除可以选择由其中一方扣除，扣除方式确认后在一个纳税年度不能再变更。扣除时间为贷款合同约定开始还款的当月至贷款全部归还或贷款合同终止的当月，扣除期限最长不得超过 240 个月。

对于婚前分别购买的首套住房贷款，其利息支出在结婚后可以选择其中一套购买的住房，由购买方按照扣除标准的 100% 扣除，也可由夫妻双方对各自购买的住房分别按扣除标准的50%扣除。纳税人需保留住房合同、贷款还款支出凭证备查。

5. 租房租金

如果纳税人在主要工作城市没有住房而发生的住房租金，可以按照以下标准进行定额扣除。

（1）直辖市、省会（首府）城市、计划单列市以及国务院确定的其他城市，扣除标准为每月1 500元。

（2）除上面所列的城市外，市辖区户籍人口超过100万的城市，扣除标准为每月1 100元；市辖区户籍人口不超过100万的城市，扣除标准为每月800元。

纳税人的配偶在纳税人的主要工作城市有自有住房的，视同纳税人有自有住房。夫妻双方主要工作城市相同的，只能由一方扣除住房租金支出。住房租金支出由签订租赁合同的承租人扣除。扣除时间为租赁合同（协议）约定的房屋租赁期开始的当月至租赁期结束的当月。提前终止合同（协议）的，以实际租赁期限为准。

需要注意，纳税人及其配偶在一个纳税年度内不能同时分别享受住房贷款利息和住房租金专项扣除，只能二选一。

6. 赡养老人

纳税人赡养一位及以上老人的赡养支出，扣除标准如下。

（1）纳税人为独生子女的，按照每月2 000元的标准定额扣除。

（2）纳税人为非独生子女的，由其与兄弟姐妹分摊每月2 000元的扣除额度，且每人分摊的额度不能超过每月1 000元。可以由赡养人均摊或者约定分摊，也可以由被赡养人指定分摊。约定或者指定分摊的，须签订书面分摊协议，指定分摊优先于约定分摊。具体分摊方式和额度在一个纳税年度内不能变更。

这里需注意，赡养老人指年满60周岁的父母，及子女均已去世的年满60周岁的祖父母、外祖父母。配偶父母的赡养费不能作专项扣除。扣除的时间从被赡养人年满60周岁的当月开始，到赡养义务终止的年末为止。

纳税人首次享受专项附加扣除时，应对所提交信息的真实性、准确性、完整性负责，不得虚报，相关资料应当保存5年。

享受以上专项附加扣除的纳税人，从符合条件开始，可以向支付工资、薪金所得的扣缴义务人提供上述专项附加扣除的有关信息，由扣缴义务人在预扣预缴税款时，按其在本单位本年可享受的累计扣除额办理扣除；也可以在次年3月1日至6月30日内，向汇缴地主管税务机关办理汇算清缴申报时扣除。

纳税人同时从两处以上取得工资、薪金所得，并由扣缴义务人办理上述专项附加扣除的，对同一专项附加扣除项目，一个纳税年度内，纳税人只能选择从其中一处扣除。

纳税人年度中间更换工作单位的，在原单位任职、受雇期间已享受的专项附加扣除金额，不得在新任职、受雇单位扣除。原扣缴义务人应当自纳税人离职不再发放工资薪金所得的当月起，停止为其办理专项附加扣除。

## 4.5　个人所得税相关优惠政策的衔接问题

2018年12月27日，财政部、国家税务总局共同发布了《关于个人所得税法修改后有关优惠政策衔接问题的通知》（财税〔2018〕164号）。通知对个人所得税优惠政策的衔接问题作出了相关规定，具体内容包括以下几个方面。

1. 全年一次性奖金的政策

居民个人在取得全年一次性奖金，符合《国家税务总局关于调整个人取得全年一次性奖金等计算征收个人所得税方法问题的通知》（国税发〔2005〕9号）规定的，在2021年12月31日前，不并入当年综合所得，以全年一次性奖金收入除以12个月得到的数额，按照下面按月换算后的综合所得税率表，确定适用税率和速算扣除数，单独计算纳税。

具体计算公式为：

应纳税额＝全年一次性奖金收入×适用税率－速算扣除数

| 级数 | 全月应纳税所得额 | 税率 | 速算扣除数 |
| --- | --- | --- | --- |
| 1 | 不超过 3 000 元的 | 3% | 0 |
| 2 | 超过 3 000 元至 12 000 元的部分 | 10% | 210 |
| 3 | 超过 12 000 元至 25 000 元的部分 | 20% | 1 410 |
| 4 | 超过 25 000 元至 35 000 元的部分 | 25% | 2 660 |
| 5 | 超过 35 000 元至 55 000 元的部分 | 30% | 4 410 |
| 6 | 超过 55 000 元至 80 000 元的部分 | 35% | 7 160 |
| 7 | 超过 80 000 元的部分 | 45% | 15 160 |

居民个人所取得的全年一次性奖金，也可以选择计入当年综合所得中计算纳税。但从 2022 年 1 月 1 日起，居民个人取得的全年一次性奖金，应该全部并入当年综合所得中，计算并缴纳个人所得税。

2. 保险营销员、证券经纪人佣金收入的政策

保险营销员、证券经纪人取得的佣金收入，属于劳务报酬所得，以不含增值税的收入减除 20% 费用后的余额为收入额，收入额减去展业成本以及附加税费后，再并入当年综合所得，计算缴纳个人所得税。保险营销员、证券经纪人的展业成本按照收入额的 25% 计算。

扣缴义务人向保险营销员、证券经纪人支付佣金收入时，应该按照《个人所得税扣缴申报管理办法（试行）》（国家税务总局公告 2018 年第 61 号）规定的累计预扣法计算预扣税款。

3. 个人领取企业年金、职业年金的政策

个人达到国家规定的退休年龄，领取的企业年金、职业年金时，符合《财政部、人力资源社会保障部、国家税务总局关于企业年金、职业年金个人所得税有关问题的通知》（财税〔2013〕103 号）规定的，不并入综合所得，全额单独计算应纳税款。

对于按月领取的，适用月度税率表计算纳税；按季领取的，平均分摊计入各月，按每月领取额适用月度税率表计算纳税；按年领取的，适用综合所得税率表计算纳税。

个人因出境定居而一次性领取的年金个人账户资金，或个人死亡后，其指定的受益人或法定继承人一次性领取的年金个人账户余额，适用综

合所得税率表计算纳税。个人除上述特殊原因外一次性领取年金个人账户资金或余额的，适用月度税率表计算纳税。

4. 解除劳动关系、提前退休的一次性补偿收入的政策

个人与用人单位解除劳动关系取得一次性补偿收入，其中包括用人单位发放的经济补偿金、生活补助费和其他补助费，在当地上年职工平均工资 3 倍数额以内的部分，免征个人所得税。超过 3 倍数额的部分，不必并入当年综合所得，单独适用综合所得税率表，计算纳税。

个人办理提前退休手续而取得的一次性补贴收入，应按照办理提前退休手续至法定离退休年龄之间实际年度数平均分摊，确定适用税率和速算扣除数，单独适用综合所得税率表，计算纳税。

具体计算公式为：

应纳税额 =｛〔（一次性补贴收入 ÷ 办理提前退休手续至法定退休年龄的实际年度数）—费用扣除标准〕× 适用税率—速算扣除数｝× 办理提前退休手续至法定退休年龄的实际年度数

5. 单位低价向职工售房的政策

单位按低于购置或建造成本价格出售住房给职工，职工因此而少支出的差价部分，符合《财政部、国家税务总局关于单位低价向职工售房有关个人所得税问题的通知》（财税〔2007〕13 号）第二条规定的，不并入当年综合所得，以差价收入除以 12 个月得到的数额，按照月度税率表确定适用税率和速算扣除数，单独计算纳税。

计算公式为：

应纳税额 = 职工实际支付的购房价款低于该房屋的购置或建造成本价格的差额 × 适用税率—速算扣除数

6. 外籍个人有关津补贴的政策

2019 年 1 月 1 日至 2021 年 12 月 31 日期间，外籍个人符合居民个人条件的，可以选择享受个人所得税专项附加扣除，也可以选择按照《财政部、国家税务总局关于个人所得税若干政策问题的通知》（财税〔1994〕20 号）、《国家税务总局关于外籍个人取得有关补贴征免个人

所得税执行问题的通知》（国税发〔1997〕54 号）和《财政部、国家税务总局关于外籍个人取得港澳地区住房等补贴征免个人所得税的通知》（财税〔2004〕29 号）规定，享受住房补贴、语言训练费、子女教育费等津补贴免税优惠政策，但不能同时享受。外籍个人一经选择，在一个纳税年度内不得变更。

从 2022 年 1 月 1 日起，外籍个人不再享受住房补贴、语言训练费、子女教育费津补贴免税优惠政策，应该按规定享受专项附加扣除。

## 4.6 这些人将不再预扣预缴个税了

如果作为纳税人的你只是从一个地方获得薪资，一年下来总收入没有超过 6 万元，但每个月收入不均衡，有时一个月收入高达 2 万元，有时一个月收入只有 1 000 元。按照以前的个人所得税预扣预缴方法，单位在你月收入超过规定数额时先要预扣预缴你的个人所得税，然后你要在年度终了时申请退税。

这样一来，不管是单位还是个人都很麻烦，为了解决大家的麻烦，国家税务总局在 2020 年 12 月 4 日发布了《关于进一步简便优化部分纳税人个人所得税预扣预缴方法的公告》（国家税务总局公告 2020 年第 19 号），该公告规定：

从 2021 年 1 月 1 日起，在纳税人累计收入不超过 6 万元的月份，暂不预扣预缴个人所得税；在其累计收入超过 6 万元的当月及年内后续月份，再预扣预缴个人所得税。

这也就意味着，从 2021 年开始，若只从一个单位获得薪资且年收入少于 6 万元的纳税人，以后的个人所得税由之前的先收再退，变成了累计收入超过 6 万元后再预扣预缴。

1. 该公告优化了两类纳税人的预扣预缴方法

**第一类**

上一完整纳税年度各月均在同一单位扣缴申报了工资薪金所得个人

所得税且全年工资薪金收入不超过6万元的居民个人。

不过，这类人想要享受这个便利政策，需要同时满足以下三个条件：

（1）上一纳税年度1~12月均在同一单位任职且预扣预缴申报了工资薪金所得个人所得税；

（2）上一纳税年度1~12月的累计工资薪金收入（包括全年一次性奖金等各类工资薪金所得，且不扣减任何费用及免税收入）不超过6万元；

（3）本纳税年度自1月起，仍在该单位任职受雇并取得工资薪金所得。

**第二类**

按照累计预扣法预扣预缴劳务报酬所得个人所得税的居民个人，如保险营销员和证券经纪人。

当然，这类人也需要满足三个条件才能享受到这个政策：

（1）上一纳税年度1~12月均在同一单位取酬且按照累计预扣法预扣预缴申报了劳务报酬所得个人所得税；

（2）上一纳税年度1~12月的累计劳务报酬（不扣减任何费用及免税收入）不超过6万元；

（3）本纳税年度自1月起，仍在该单位取得按照累计预扣法预扣预缴税款的劳务报酬所得。

我们还是举个例子吧。

假如小王是甲单位员工，2020年1~12月在甲单位工资薪金共计56 000元，甲单位为其办理了2020年1~12月的工资薪金所得个人所得税全员全额明细申报。

2021年1月，甲单位给小王发放工资薪金共计12 000元，“三险一金”扣除2 000元，如果按照之前的预扣预缴政策，小王1月份需要预缴个税（12 000−2 000−5 000）×3%=150元。

但是，根据新的政策，小王1月的个税就不用扣了，等“累计收入超过6万元的当月及年内后续月份，再预扣预缴个人所得税”。如果小王2021年全年收入累计没有超过6万元，那么当年也不用再扣缴个税。

2. 享受这个政策的扣缴义务人操作方法

如果扣缴义务人是采用自然人电子税务局扣缴客户端和自然人电子税务局 WEB 端扣缴功能申报的，则在计算并预扣本年度 1 月份个人所得税时，系统会根据上一年度扣缴申报情况，自动汇总并提示可能符合条件的员工名单，扣缴义务人根据实际情况核对、确认后，即可按这个公告规定的方法预扣预缴个人所得税。

如果扣缴义务人是采用纸质申报的，则需根据上一年度扣缴申报情况，判断符合《关于进一步简便优化部分纳税人个人所得税预扣预缴方法的公告》规定的纳税人，再按公告执行，并需从当年 1 月份税款扣缴申报起，在《个人所得税扣缴申报表》相应纳税人的备注栏填写“上年各月均有申报且全年收入不超过 6 万元”。

# 第 5 章　其他税种的新变化

## 5.1　环境保护税法

2016 年 12 月 25 日，为了保护和改善环境，减少污染物排放，推进生态文明建设，第十二届全国人民代表大会常务委员会第二十五次会议通过了《中华人民共和国环境保护税法》。2017 年 12 月 30 日，国务院总理签署了国务院令，公布《中华人民共和国环境保护税法实施条例》与环境保护税法同步，自 2018 年 1 月 1 日起同步施行。

1. 环境保护税法的征税对象和纳税额

环境保护税法规定，环境保护税的纳税人是在中华人民共和国领域和中华人民共和国管辖的其他海域，直接向环境排放应税污染物的企业事业单位和其他生产经营者。

环境保护税的征收对象为大气污染物、水污染物、固体废物和噪声，具体应税污染物依据税法中所附《环境保护税税目税额表》《应税污染物和当量值表》中的规定执行。

大气污染物是指向大气排放，导致大气污染的物质，包括二氧化硫、氮氧化物、粉尘等，其计税依据是按照应税大气污染物排放量折合的污染当量数确定，其应纳税额为污染当量数乘以具体适用税额。

水污染物是指直接或者间接向水体排放的，能导致水体污染的物质，包括重金属、悬浮物、动植物油等，应税水污染物排放量折合的污染当量数确定，其应纳税额为污染当量数乘以具体适用税额。

固体废物是指在生产、生活和其他活动中产生的丧失原有利用价值或者虽未丧失利用价值但被抛弃或者放弃的固态、半固态和置于容器中的气态的物品、物质以及法律行政法规规定纳入固体废物管理的物品、物质，包括煤矸石、尾矿等。应税固体废物按照固体废物的排放量确定，其应纳税额为固体废物排放量乘以具体适用税额。

噪声是指工业噪声，即在工业生产活动中使用固定的设备时产生的、超过国家规定的环境噪声排放标准的、干扰周围生活环境的声音，应税噪声按照超过国家规定标准的分贝数确定计税依据，其应纳税额为超过国家规定标准的分贝数对应的具体适用税额。

2. 免征环境保护税的法定情形

根据环境保护税法及其实施条例规定，不直接向环境排放应税污染物的企业事业单位或其他生产经营者，不用缴纳环境保护税，具体包括以下几种。

（1）向依法设立的污水集中处理和生活垃圾集中处理场所排放应税污染物的。

（2）在符合国家和地方环境保护标准的设施、场所贮存或者处置固体废物的。

（3）达到省级人民政府确定的规模标准，并且有污染物排放口的畜禽养殖场，依法对畜禽养殖废弃物进行综合利用和无害化处理的。

3. 纳税申报及税额表

环保税的纳税义务发生时间为纳税人排放应税污染物的当日，纳税人应当向应税污染物排放地的税务机关申报缴纳环境保护税。环保税按月计算，按季度申报缴纳，如果是不能按固定期限计算缴纳的，可以按次申报缴纳。

纳税人按季申报缴纳的，应当自季度终了之日起15日内，向税务机关办理纳税申报并缴纳税款；按次申报缴纳的，应当自纳税义务发生之日起15日内，办理纳税申报并缴纳税款。纳税人可以采用网报方式申报缴纳环境保护税，也可以选择到办税服务厅申报缴纳环境保护税。

环境保护税税目税额表

| 税目 | | 计税单位 | 税额 | 备注 |
|---|---|---|---|---|
| 大气污染物 | | 每污染当量 | 1.2~12元 | |
| 水污染物 | | 每污染当量 | 1.4~14元 | |
| 固体废物 | 煤矸石 | 每吨 | 5元 | |
| | 尾矿 | 每吨 | 15元 | |
| | 危险废物 | 每吨 | 1 000元 | |
| | 冶炼渣、粉煤灰、炉渣、其他固体废物（含半固态、液态废物） | 每吨 | 25元 | |
| 噪声 | 工业噪声 | 超标1~3分贝 | 每月350元 | ①一个单位边界上有多处噪声超标，根据最高一处超标声级计算应纳税额；当沿边界长度超过100米有两处以上噪声超标，按照两个单位计算应纳税额<br>②一个单位有不同地点作业场所的，应当分别计算应纳税额，合并计征<br>③昼、夜均超标的环境噪声，昼、夜分别计算应纳税额，累计计征<br>④声源一个月内超标不足15天的，减半计算应纳税额<br>⑤夜间频繁突发和夜间偶然突发厂界超标噪声，按等效声级和峰值噪声两种指标中超标分贝值高的一项计算应纳税额 |
| | | 超标4~6分贝 | 每月700元 | |
| | | 超标7~9分贝 | 每月1 400元 | |
| | | 超标10~12分贝 | 每月2 800元 | |
| | | 超标13~15分贝 | 每月5 600元 | |
| | | 超标16分贝以上 | 每月11 200元 | |

## 5.2 耕地占用税法

为了合理利用土地资源，加强土地管理，保护耕地，2018年12月29日，第十三届全国人民代表大会常务委员会第七次会议通过了《中华人民共和国耕地占用税法》。

1. 纳税人、计税依据和税额

耕地占用税法中规定，耕地占用税的纳税人是在中华人民共和国境内占用耕地建设建筑物、构筑物或者从事非农业建设的单位和个人。税法中所称的耕地是指用于种植农作物的土地，对于占用耕地建设农田水利设施的，不缴纳耕地占用税。

耕地占用税的纳税人以实际占用耕地的面积为计税依据，按照规定的适用税额一次性征收，应纳税额为纳税人实际占用的耕地面积（平方米）乘以适用税额。

耕地占用税的税额

| 人均耕地数（以县、自治县、不设区的市、市辖区为单位） | 税额（元 / 平方米） |
| --- | --- |
| 不超过 1 亩的地区 | 10~50 |
| 超过 1 亩但是不超过 2 亩的地区 | 8~40 |
| 超过 2 亩但不超过 3 亩的地区 | 6~30 |
| 超过 3 亩的地区 | 5~20 |

各地区的耕地占用税的适用税额，由省、自治区、直辖市人民政府根据人均耕地面积和经济发展等情况，在上面规定的税额幅度内自行确定。对于人均耕地低于 0.5 亩的地区，各地可根据当地的经济发展情况，适当提高耕地占用税的适用税额，但最高不得超过适用税额的 50%。对于占用基本农田的，应该加征适用税额。

2. 免征或减征耕地占用税的情形

对于军事设施、学校、幼儿园、社会福利机构、医疗机构占用耕地，免征耕地占用税。铁路线路、公路线路、飞机场跑道、停机坪、港口、航道、水利工程占用耕地，减按每平方米 2 元的税额征收耕地占用税。这几个免征或者减征耕地占用税后，纳税人又改变原来用途的，已经不属于减免情形的，纳税人应当按照当地适用税额补缴耕地占用税。

农村烈士遗属、因公牺牲军人遗属、残疾军人以及符合农村最低生活保障条件的农村居民，在规定用地标准以内新建自用住宅，免征耕地占用税。

农村居民在规定用地标准以内占用耕地新建自用住宅，按照当地适用税额减半征收耕地占用税；其中农村居民经批准搬迁，新建自用住宅占用耕地不超过原宅基地面积的部分，免征耕地占用税。

**各省、自治区、直辖市耕地占用税平均税额表**

| 省、自治区、直辖市 | 平均税额（元 / 平方米） |
|---|---|
| 上海 | 45 |
| 北京 | 40 |
| 天津 | 35 |
| 江苏、浙江、福建、广东 | 30 |
| 辽宁、湖北、湖南 | 25 |
| 河北、安徽、江西、山东、河南、重庆、四川 | 22.5 |
| 广西、海南、贵州、云南、陕西 | 20 |
| 山西、吉林、黑龙江 | 17.5 |
| 内蒙古、西藏、甘肃、青海、宁夏、新疆 | 12.5 |

## 5.3　高校学生公寓房产税、印花税的新政策

2019 年 1 月 31 日，财政部、税务总局发布了《关于高校学生公寓房产税、印花税政策的通知》（财税〔2019〕14 号），通知中规定了高校学生公寓房产税、印花税的新政策。

（1）对高校学生公寓免征房产税。

（2）与高校学生签订的高校学生公寓租赁合同，免征印花税。

这里所称的高校学生公寓，是指为高校学生提供住宿服务，并按照国家规定的收费标准收取住宿费的学生公寓。享受这个通知免税政策的企业，应按相关规定进行免税申报，并将不动产权属证明、载有房产原值的相关材料、房产用途证明、租赁合同等资料留存备查。

另外，这个优惠政策从 2019 年 1 月 1 日至 2021 年 12 月 31 日执行。

# 第二部分

# 纳税筹划

# 第 6 章　纳税筹划的介绍

## 6.1　税务筹划的发展与意义

### 6.1.1　税务筹划的含义

纳税人在纳税行为发生之前，在不违反法律、法规的前提下，通过对经营活动、投资行为等涉税事项进行提前安排，尽可能地减轻税收负担，以达到少缴税或延迟纳税，这一过程就是税务筹划，也叫税收筹划、纳税筹划，其英文是 Tax Planning。

### 6.1.2　税务筹划的起源与发展

税务筹划最早起源于 19 世纪中叶的意大利，那时意大利的税务咨询业务中已经存在税收筹划行为。税收筹划被社会关注和被法律认可，可追溯到 1935 年的英国上议院议员汤姆林爵士对“税务局长诉温斯特大公”一案。在这个案件中，汤姆林爵士对当事人依据法律达到少缴税款的行为做了法律上的认可，他说：“任何人都有权安排自己的事业，如果根据法律做的安排可以使自己少缴税，那么就不能强迫他多缴税。”

汤姆林爵士的观点赢得了法律界的普遍认可，税务筹划第一次得到了法律上的肯定，这个案例也奠定了税务筹划史上的基础判例。之后，英国、美国、澳大利亚等国家在税收判例中经常引用这个案例中的原则精神。此后，一些税务专家和学者开始研究和发展税务筹划的理论。

随着社会经济的发展，税务筹划已经成为纳税人理财或者经营管理中不可或缺的部分。在西方国家，税务筹划已经是家喻户晓的，但是在我国，税务筹划还是鲜为人知。

我国的税务筹划起步较晚，从20世纪90年代才开始，经过几十年的发展现在日趋完善。不过我国还有不少企业税务筹划的意识比较薄弱，对税务筹划的概念认识不清，企业的纳税并没有进行统筹安排，导致企业的税负较高。

最近，我国各种税收政策不断出台，纳税的规定已经发生了很大的变化，如果能够根据国家的政策，对自己的纳税行为进行有目的地调整、筹划，肯定能增加自身的竞争力。不过，现在税务筹划的环境越来越复杂，企业的税务筹划人员必须掌握工商、财税等各个领域的专业知识及相关政策，只有这样才能在法律规定的范围内实现合理纳税。

我国税务筹划的发展历史分为三个阶段。

第一个阶段是税务筹划与偷税相分离的阶段。在这个阶段，人们开始认识到可以不必采取偷税等违法手段就能达到减轻税负的目的，纳税人完全可以通过合法的方式来规避税收的负担。这个时期，人们将税务筹划与避税混为一谈，税务筹划没有得到广泛认可，从媒体到纳税人都不太接受税务筹划。

第二个阶段是税务筹划与避税相分离的阶段。在这个阶段，人们开始认识到税务筹划与避税之间的区别，有学者开始将税务筹划与避税细致地区分开来，把符合国家税收政策法规称之为节税，也就是税务筹划，将不符合国家立法意图，钻法律法规空子的称为不正当避税。对于那些不正当的避税，国家通过完善税法、堵住漏洞及制定反避税措施来加以防范。这一阶段税务筹划主要停留在概念阶段，实务上还没有突破。

第三阶段是税务筹划的系统阶段。在这个阶段，专家和学者将税务筹划进行了系统的论述，而且从政府角度特别是税务代理角度陆续提到了税务筹划的内容。

从税务筹划的产生与发展历史，我们可以看出不管什么时候，纳税人都希望降低税负，纳税人的这种要求推动税务筹划的发展。当社会对税务筹划的认可度高时，税务筹划的发展步伐就会加快；当社会对税务筹划的认可度低时，会阻碍税务筹划的发展。

### 6.1.3 税务筹划的意义

其实税务筹划不仅对纳税人有积极的意义，对政府也有积极的意义，下面我们来看看税务筹划的意义有哪些。

（1）税务筹划有助于增强纳税人的法治观念，增加纳税人的纳税意识。企业想要进行税务筹划，先得深刻理解并熟练掌握相关法律法规，才能利用税收政策进行合理的税务筹划。通常，那些税务筹划做得好的企业往往有较强的纳税意识。

（2）税务筹划能够帮助纳税人实现财务利益的最大化。企业的天性就是追求自身利益的最大化，当企业的总收入一定时，想要实现利润的最大化，只有压缩成本，因此降低纳税成本就非常必要了。税务筹划满足了企业降低纳税成本的需求，使得企业实现了自身税收利益的最大化。

（3）税务筹划有助于提高企业的竞争力和稳定国家的税源。企业通过税务筹划不仅降低了企业税负、增加了企业的收入和利润，还能提高企业的竞争力。当今世界，国际经济竞争越来越激烈，而企业竞争力的提高，有助于企业的稳定发展。一个国家企业都在健康发展，这也为国家提供了稳定的税源。

（4）税务筹划有助于优化产业结构和实现资源的合理配置。国家为了对经济进行宏观调控，会利用税收的优惠政策去布局。企业在进行投资决策、产品结构调整、制度改革时会考虑国家的各项优惠政策，这在客观上促成了国家宏观政策的落实，实现了产业结构的优化和资源合理的配置。

（5）税务筹划有助于健全税制。有的税务筹划可能会用到现行税制的漏洞和不明确的地方，这样可以促使国家及时修改和修订税法，健全税制，提高税收征管水平。

### 6.1.4 合理筹划不偷税

有人认为只要不违法，纳税人都可以根据税法要求负担起法定的税收义务，而不考虑道德。虽然我国法律没有对税务筹划有明确的定义，但是笔者认为对于那些不符合国家立法意图，钻法律法规空子的不正当避税不属于税务筹划。税务筹划应当是纳税人主观上利用合法手段减轻税收负担的行为。

税务筹划与偷税有着本质的区别。税务筹划是纳税人在法律法规允许的情况下，利用税收法规达到节税的目的，这并不损害国家的利益，政府是不会反对的。偷税则是纳税人故意违反税收法规，通过伪造、变造、隐匿、擅自销毁账簿、记账凭证，在账簿上多列支出或者不列、少列收入，或采取各种不公开的手段，或者进行虚假的纳税申报，隐瞒真实情况，不缴或少缴税款，欺骗税务机关的行为。偷税行为，是国家明令禁止的，而税收征管法也制定了明确的处罚办法。

纳税人在税务筹划前一定要理解税务筹划的真正含义，做到合理合法筹划。

## 6.2 税务筹划的风险

虽然税务筹划给企业带来了好处，但是因为筹划过程中的各种不确定性，导致企业在税务筹划过程中也存在一定的风险，所以企业在税务筹划时要考虑相应的风险应对措施。

企业税务筹划的风险是指企业在税务筹划行为中，因为存在各种不确定的因素或原因，使得企业为发生税收损失而付出的代价。一般来说，税务筹划的风险主要有政策性风险和经营性风险。

### 6.2.1 政策性风险

政策性风险主要是指企业进行税务筹划时，因为进行筹划时的政策已经发生了改变，当初的筹划方案已经不适用于现行的税法和规定，导致企业经济利益流出或承担相应的法律责任，给企业带来的负面影响。

政策风险又包括以下两种。

1. 征缴双方对税收政策理解偏差引起的风险

税务筹划涉及税收、法律、金融、管理、会计等多个领域，具有很高的实用性和技术性，对税务筹划的人员能力有很高的要求。因为税务筹划人员专业的局限，可能存在对一些法律法规的理解不是很准确，有的甚至与立法者的本意大相径庭，于是在具体操作中难免会出现偏差，从而引发税务筹划的政策风险。

此外，因为我国税收制度及税务筹划都起步比较晚，有的法律法规还有待完善，这让有的执法机关在判定企业涉税行为的合法性上存在一定的主观性。这也给税务筹划带来一定的风险。

2. 因税收政策调整引起大的风险

最近几年，我国税收政策有很大的调整，可能之前适用的税收优惠政策已经不再适用。对于企业的税务筹划来说，政府税收政策的不定期性或相对较短的时效性都给企业带来了一定的风险。

因为企业从制定税务筹划方案到落实，再到取得相应的成效都需要一定的时间。如果在实施的过程中，国家的税收政策发生了改变，之前税务筹划的原理已经不再适用，原来合法合理的方案，也许会变得不再合法，那么税务筹划也就失去了其应有的意义和作用。税收政策的时效性也不是企业可以掌控的，这无形中增加了企业税务筹划的难度，可能会导致企业不能实现税务筹划的目的。

### 6.2.2 经营性风险

在市场经济条件下，企业的任何经济活动都存在一定的风险，这些经营性风险也影响着企业的税务筹划效益。

1. 投资决策引起的风险

税收政策作为国家调控经济的杠杆，在制定的时候肯定存在导向性差异。当企业运用这些导向性差异进行税务筹划时，也许会忽略分析一些相关因素给企业带来的可能性损失，这使企业面临经营的风险。

2. 成本开支引起的风险

税务筹划也是有成本的。税务筹划成本是指企业因进行税务筹划而增加的成本，包括显性成本和隐形成本。显性成本指企业在税务筹划过程中实际发生的相关费用，包括纳税成本、人工成本和管理费用。比如咨询税务筹划时付的咨询费，委托相关人士进行税务筹划时所支付的报酬和费用。隐形成本指纳税人因采取某一种税务筹划方案而放弃的潜在利益，也是一种机会成本。

虽然很多税务筹划方案从理论上能给纳税人带来税收优惠，但是在实践过程中，因为种种因素的影响，最后可能得到的正面影响小于负面影响，所以企业在税务筹划时，一定要考虑成本，否则可能会得不偿失。

## 6.3 税务筹划风险防范

因为税务筹划存在风险，所以企业在进行税务筹划时，应当充分认识到可能存在的风险，提前采取预防措施，减少风险的发生，从而提高税务筹划的收益。税务筹划风险防御措施有以下几种。

1. 企业要有依法纳税的观念

纳税人有依法纳税的义务，这是企业开展税务筹划的前提，但是企业也有合法进行税务筹划、科学合理安排收支的权利。企业的税务筹划必须以合法为基础和前提，不能主观去做不符合国家立法意志的税务筹划，不能钻法律的空子，不能去做违法的事情，否则就会受到法律的制裁。

现在有的企业委托代理机构对企业进行税务筹划，但是有的代理机构由于行业竞争和自身的利益，根本不考虑纳税人可能需要承担的风险和法律责任，在设计税务筹划时钻法律的空子，从而给纳税人带来了很大风险。所以企业在税务筹划时，要树立合法经营、依法纳税的理念，在法律法规允许的范围内，结合企业自身的情况进行税务筹划。

2. 企业要及时与税收机关沟通

税务筹划是在法律的边界，因为政府和纳税人所站的立场不同，在税务筹划上存在着一定的利益冲突，所以税务筹划人员很难准备把握其边界，税务筹划方案的制定和最终能否成功，取得当地税务主管部门的认可很关键，所以企业要加强与当地税务机关的联系，取得他们的理解和支持。当然通过税务部门，还能及时获取一些税收政策的新消息。

3. 注意对税务筹划进行成本效益分析

企业进行税务筹划的目的就是为了降低税负，增加企业的利润，如果不考虑成本，只是为了筹划而筹划又有什么意义呢？所以纳税人在进行税务筹划时要遵循成本效益原则，通过比较税务筹划带来的效益和付出的成本，去综合评价税务筹划方案的经济效益。只有当税务筹划方案给企业带来的综合利益大于因实施筹划所带来的成本时，该税务筹划才是成功的。

纳税人在进行税务筹划时，要充分认识可能存在的各种风险，并提前做好预防措施，争取税务筹划的成功。

## 6.4 税务筹划的原则与特点

### 6.4.1 税务筹划的原则

税务筹划在西方被视为智慧者的文明行为，不过在我国很长一段时间都被视为禁区，直到1994年《税收筹划》的专著正式出版，才揭开税收筹划的神秘面纱。后来，《中国税务报》周刊上开始出现“筹划讲座”专栏，使得税务筹划由过去的不敢说、偷偷说，变成了可以在媒体上公开说。

现在税务筹划已经进入人们的生活，很多企业也认识到税务筹划的重要作用，开始将税务筹划应用到企业管理之中。面对这股税务筹划的热潮，企业要保持冷静，在进行税务筹划时不要盲目跟风，应当遵循以下原则。

1. 合法性原则

合法是税务筹划最基本的原则，主要表现在两个方面。一方面，要符合现有的法律法规，也就是说所有的税务筹划都要有明确的法律依据，这样即便税务部门有异议也能坦然面对。不过，我国的税收法律体系复杂，怎样把握，具体还得看税收环境，还得依靠税务筹划者对税收立法背景的了解和职业经验。另一方面，要注意税法的新变化，尤其是最近几年税法变化比较多，有新法公布，也有旧法废止，企业在使用的时候要注意“时效”问题，否则“合理合法”可能成“违法”了。

2. 合理性原则

合理性原则就是在税务筹划时，所构建的事实要合理。不符合常规的做法很容易被税务机关查出，到时难以自圆其说，不仅会使税务筹划失败，还可能产生风险。

在构建合理事实时要注意三个方面。

首先就是要符合行为特点，让构建的事实可以方便做到。这就要求我们在税务筹划时不能照搬其他行业的做法，因为行业不同，对构建事实的要求就会不同。

比如啤酒生产厂家，其销售对象主要是个体代理商，这些代理商大多不是一般纳税人，他们只关心价格，对他们用让利、运费分解会有很好的效果。但是如果把这样的方法应用到生产原料的企业就不行了，因为他们大多是一般纳税人，他们喜欢抵扣。

其次，构建的事实要符合常理。比如那些附加值低，并且是大宗笨重的物品，通常销售范围会受到限制，在利用运输费用分解销售收入时，要注意不能让运输费用超过正常、合理的半径，否则就不合理，就是虚假的事实。

最后，构建的事实要符合其他经济法规。在税务筹划的时候，我们不能仅从税务筹划的角度去考虑问题，还要兼顾其他的法律法规，如果不遵守其他的法律法规，税务筹划也无法成功。

3. 事前筹划原则

纳税人要在经济业务发生之前进行税务筹划。筹划人要清楚这项经济业务都有哪些过程和环节，中间会涉及哪些税种，这些税种都有什么优惠，涉及的税收法律、法规存在哪些可以利用的空间。只有了解这些情况之后，筹划人才能利用税收政策达到节税的目的。

如果经济业务已经发生，那么相应的纳税结果已经成为事实，这时如果想要减轻税负，只能通过隐瞒收入、虚列成本等手段去改变了，但是这就变成了违法行为，将会受到相应的处罚。

4. 整体性原则

企业在对某一税种进行税务筹划时，还要考虑与之相关的其他税种的税负效应。进行整体筹划，要综合考虑，选择整体税负最佳、长期税负最佳的方案。税务筹划不能一味追求税收负担的降低，税负最低的方案不一定就是最佳方案，税务筹划时，要着眼于企业整体的利益。

比如，税务筹划中常常会用到延迟纳税这个方法，于是有人就提出让企业将所需要的原材料尽早买入，这样企业就能在早期少缴纳增值税，虽然企业后期会多纳税，但是仍然可以从推迟纳税中得到好处。不过税法中规定，对于工业企业未入库、商业企业未付款，购进的货物进项税额不得抵扣。这样的话，企业如果想要推迟缴纳增值税，就会面临库房紧张、存货占用大量资金、管理费用增加等问题，如何取舍还是要根据企业的实际情况。



不过不管怎样，只有当筹划方案的所得大于支出时，这项税务筹划方案才是成功的。

5. 风险与收益均衡原则

通常收益越大，风险越大；风险越小，收益越低。企业想要获得高收益，就得有要面临高风险的意识，但是高风险不一定会带来高收益。税务筹划的目的在于获得收益，所以必然会带来相应的风险，这点前面已经讲过。企业在税务筹划时，应当遵循风险和收益均衡原则，提前做好预防风险的措施。

### 6.4.2 税务筹划的特点

税务筹划与企业的经济行为息息相关，它所包含的范围较广，但是归纳起来，主要有以下几个特点。

1. 超前性

税务筹划应该发生在应税行为之前，具有超前性。国家对不同的纳税人和不同的应税行为规定了有差别的税收待遇，这为纳税人税务筹划提供了操作空间。只有存在可以筹划的利益空间，纳税人才会选择较低的税负，以期取得最大的利益；只有纳税人进行税务筹划，国家才能用有差别的税收政策吸引纳税人的投资、理财、经营活动朝着国家鼓励的方向发展，从而实现国家的调控。所以说税务筹划是实现利益最大化与贯彻国家调控政策的统一。

在经济活动中，纳税义务都有滞后性：企业在交易之后，才缴纳流转税；在实现收益或分配收益后，才缴纳所得税；在取得财产后，才缴纳财产税。在行为发生后，才缴纳行为税，这给税务筹划提供了便利条件。如果涉税行为已经发生，纳税义务也已经确定，再去谋求少缴税款则不能认为是税务筹划。

2. 目的性

税务筹划有明确的目的，就是追求税收利益的最大化。这里面有两个意思：一个就是选择低税负，低税负意味着低的税收成本；另一个意思就是延迟纳税，纳税期的推后可以减轻税收负担，也可以降低资本成本。

3. 普遍性

每个税种规定的纳税人、税目、税率、减免政策及纳税期限，一般都有差别。这给所有纳税人都提供了公平的税务筹划的机会，决定了税务筹划的普遍性。

4. 多变性

税务筹划主要是根据国家税收优惠政策进行筹划的，而税收政策尤其是各种税种的实施细则，都会随着政治、经济形势的变化而变化，这导致了税务筹划的多变性。

5. 专业性

税务筹划的专业性不是指税务筹划一定需要会计专业人员来操作，而是因为税务筹划是一门集会计、税法、财务管理、企业管理等各方面知识于一体的综合性学科，有很强的专业性，不是凭借主观意愿就可以实现的。在国外，尤其是那些发达国家税务筹划都是由会计师事务所、律师事务所、税务师事务所或税务咨询公司来完成的；在我国，大多税务筹划工作由中介机构建立和完善。

在我国，如果企业经营规模比较小，可以请中介机构来设计税务筹划方案；企业规模再大一点，可以在财务部门下面或者与财务部门并列，设计一个税务部门来专门负责企业的税务筹划。

## 6.5 税务筹划的基本手段与方法

税务筹划的基本手段就是节税、合理纳税和税负转嫁，在每类税务筹划的手段下，又延伸出各种不同的筹划方法，下面简单介绍一下。

### 6.5.1 节税

节税是指纳税人在不违背税法立法精神的前提下，当存在着多种纳税政策、计税方法可供选择时，纳税人通过充分利用税法中固有的起征点、减免税等一系列优惠政策，以税收负担最低的方式来处理财务、经营、交易事项。

1. 节税的特点

（1）合法性。节税是在合法的前提下进行的，是在税法允许甚至鼓励的范围内进行纳税优化选择的。

（2）符合政府政策、立法意图。各国都会根据纳税人谋求利益最大化的心理，通过税收去宏观调控。纳税人根据政府的立法意图，最大限度地利用税法中固有的优惠政策来达到自己的目的，节税正是优惠政策借以实现宏观调控目的的载体。

（3）需要进行策划。纳税人只有充分了解现行税法知识和财务知识，才能结合企业的实际情况进行全方位的筹资、投资和经营业务，进行合理合法的策划。如果不事先进行策划就没有节税。

（4）多样性。世界上每个国家的税法都不尽相同，会计制度也千差万别，所以世界各国的节税行为也是各不相同。即便同一个国家，不同时期政策也会不断变化；有时同一个时期，不同的地区、不同行业的税收制度也存在差异。一般来说，一国税收政策在地区之间、行业之间的差别越大、变动越多，那么纳税人可以选择筹划的余地也就越大，可以选择的节税形式也就更多。

2. 节税的方法

通常情况下，纳税人一般喜欢利用税收照顾性政策、鼓励性政策进行节税。纳税人也可在税法规定的范围内，选择不同的会计政策、会计方法来节税，具体包括免税方法、减税方法、税率差异法、分割方法、扣除方法、抵免税方法、延期纳税法、退税方法等。

### 6.5.2 合理纳税

合理纳税是指纳税人在不违反税法规定的前提下，将纳税义务减至最低限度的行为。一些西方经济学者认为，合理纳税与逃税有着本质的区别，逃税是非法行为，而合理纳税并不违法，它只是最大限度地利用了税法中有利于纳税人的规定，少纳或不纳税款而已。

合理纳税实质上是纳税人对税法的一种规避行为，遵循的是“法不禁止即允许”的法治原则。合理纳税不同于节税（节税也是合法的），它不符合税收立法的意图，但也跟逃税不同（逃税是违法的），它采取的是公开合法或不违法的方式，其依据的法律形式是真实有效的。

合理纳税实际上是纳税人在履行应尽法律义务的前提下，运用税负赋予的权利保护既得利益的一种手段。合理纳税不是对法定义务的抵制和对抗。

其实，合理纳税也是纳税人应该享有的权利，纳税人有权依法享受“非不允许”进行选择和决策。国家也有权对合理纳税活动中暴露出的税法不完备、不合理进行修正、调整，这也是国家对付纳税人通过合理纳税进行节税的办法之一。

1. 合理纳税的分类

从不同的角度对合理纳税进行分类，常见的分类有以下几种。

（1）按照涉及的税境合理纳税可分为两种

①国内节税。国内节税，是指纳税人利用国内税法提供的条件和存在的可能性进行节税，通常国内节税比国际节税要容易一些。

②国际节税。国际节税，是指跨国纳税人利用两个或两个以上的国际的税法和国际税收协定的差别、漏洞、特例和缺陷，规避或减轻其总纳税义务的行为。

（2）按照所用的税收法规制度合理纳税可分为四种

①利用选择性条款合理纳税。意思是纳税人根据税法中的某一个项目、某一条款并列规定的内容，从中选取有利于自己的内容和方法进行合理纳税，如纳税期限、折旧方法、存货计算方法等。

②利用伸缩性条款合理纳税。意思是纳税人根据那些在执行中有弹性的条款，按有利于自己的方向去实行。

③利用不明确条款合理纳税。意思是纳税人根据那些比较抽象、不具体的条款，依据自己的理解，从有利于自身利益的角度进行执行。

④利用矛盾性条款合理纳税。意思是纳税人根据税法中相互冲突、矛盾的条款，做出有利于自身的决策。

2. 合理纳税的方法

企业合理纳税的方法有很多，常用的主要有以下几种。

（1）利用税负的差异性合理纳税

①利用税负差异进行合理纳税，因为国别之间和地区之间的税负都有所不同，如经济特区，经济技术开发区的税负可能相对较低，可以利用这个进行合理纳税。

②利用各行业之间税负差异进行合理纳税，如生产性企业、商贸企业、外贸出口企业。

③利用不同纳税主体税负差异进行合理纳税，如内外资企业、民政福利企业等。

④利用不同投资方向进行合理纳税，如高新技术企业。

⑤利用组织形式的改变，如分设、合并、新办。

⑥改变自身现有条件，从而享受低税收政策，如改变企业性质、改变产品构成、改变从业人员身份构成等。

⑦利用特殊税收政策，如三来一补、出口退税等。

（2）利用税法本身存在的有利于纳税人的条款进行合理纳税

①利用税法中的选择性条文如增值税购进扣税的环节不同，房产税的计税方法（从租从价）不同。

②利用税法条文的不一致、不严密，如对起征点、免征额的规定等。

③利用一些优惠政策没有规定明确期限，如投资能源、交通以及老少边穷地区再投资退税等，无时间限制。

（3）转让定价进行合理纳税

①关联企业高进低出，或者低进高出，转移利润，涉及企业所得税、营业税或增值税等。

②改变利息、总机构管理费的支付，影响利润。

③改变出资情况，抽逃资本金等，达到合理纳税的目的。

（4）资产租赁进行合理纳税

如关联企业中，效益好的向效益差的租赁设备，调节应纳税所得，实现效益好的企业集团税收负担最小化；关联企业之间资产相互租赁，以低税负来替代高税负。

（5）以避税地方式进行合理纳税

纳税人利用国与国之间，地区与地区之间，特区、开发区、保税区的税收优惠政策，在低税负地区设常设机构营业、设中转销售公司或者设置信托投资公司，转移利润从而减少纳税。

（6）以让利销售的形式来合理纳税

让利销售减少销项税额，大幅降低销售价格，以换取价格优势，增强产品市场竞争力，但国家税收（如增值税、企业所得税等）受到影响，对企业有益而对税收不利。

（7）运用电子商务进行合理纳税

电子商务是指交易双方利用国际互联网、局域网等进行商品和劳务交易。电子商务活动具有交易无国籍无地域性、交易人员隐蔽性、交易场所虚拟化、交易信息载体数字化、交易商品来源模糊性等特征。电子商务给合理纳税提供了更安全的环境。

①企业利用电子商务的隐蔽性，避免成为常设机构和居民法人，以实现合理纳税。

②利用电子商务快速的流动性，虚拟地址营业，进行所得税、增值税和消费税的合理筹划等。

电子商务的迅速发展既推动世界经济和贸易的发展，同时也给我国在内的各国税收制度提出了国际反避税的新课题。

不过《中华人民共和国企业所得税法》在第六章“特别纳税调整”中，也明确了几种情况下税务机关有权按照合理方法进行纳税调整，看来一些合理纳税的方法还是有风险的。

### 6.5.3 税负转嫁

税负转嫁，是指纳税人将所缴纳的税款通过各种途径和方式转由他人负担的行为和过程。税负转嫁可以视为合理纳税的一种特殊方法，可也以作为一种独立的税务筹划方法。在市场经济条件下，纳税人在商品交换过程中通过税负转嫁的途径来追求自身利益的最大化，是一种普通的经济现象。

1. 税负转嫁的方法

根据税负转嫁的不同途径，可将税负转嫁分为五种方法。

（1）前转，指纳税人将其所纳税款顺着商品流转方向，通过提高商品价格的办法，转嫁给商品的购买者或最终消费者负担。通常前转是税负转嫁最典型和普遍的形式，大多发生在商品、劳务和服务上。其能否顺利进行受商品供求弹性的制约，当需求大于供给时能顺利前转，当需求小于供应时，前转很难进行。

（2）后转，指纳税人将其所纳税款逆着商品流转的方向，以压低购进商品价格的办法，向后转移给商品的提供者。税负实现后转的条件是供给方提供的商品需求弹性较大，而供给弹性较小。

（3）混转，也叫散转，是指纳税人将自己缴纳的税款分散转嫁给多方负担。企业的税负在不能完全向前顺转，也不能完全向后逆转时，可以采用这个方法，严格说来，混转并不是一种独立的税负转嫁方式，而是前转和后转的结合。

（4）消转，是指纳税人用降低课税品成本的办法使税负在新增利润中求得抵补的转嫁方式。也就是纳税人将税负既不前转也不后转，而是通过改进生产技术、提高工作效率、节约原料、降低成本等方法，将所缴纳的税款在增长的利润中求得补偿。

（5）税收资本化，也被称作税负资本化，这是一种税负转嫁的特殊方式，即纳税人以压低资本品购买价格的方法将所购资本品可预见的未来应纳税款，从所购资本品的价格中作一次扣除，从而将未来应纳税款全部或部分转嫁给资本品出卖者。将税负折入资本必须具备一定的条件：课税对象必须是资财，每年均有相同的税负；另有不予课税或轻税的资财可购；课税品必须具有资本价值等。

# 第 7 章　增值税纳税筹划

## 7.1　纳税人身份的纳税筹划

### 7.1.1　纳税人身份划分

根据修改后《中华人民共和国增值税暂行条例》和《中华人民共和国增值税暂行条例实施细则》的规定，我国增值税的纳税人是：在中国境内销售货物或者加工、修理修配劳务，销售服务、无形资产、不动产以及进口货物的单位和个人。

我国现行增值税将增值税纳税人划分为一般纳税人和小规模纳税人。现在年应征增值税销售额在 500 万元以下企业就可认定为小规模纳税人，对小规模纳税人实行简易征收办法，适用的征收率是 3%。不过虽然年应征销售额没有达到 500 万元，但是会计制度核算健全，并且能够提供准确税务资料的企业，也可以向主管税务机关办理一般纳税人登记，成为一般纳税人。

目前，适用于一般纳税人的税率是 13%、9%、6% 和 0 税率四档，适用小规模纳税人的征收率是 3% 或 5%。一般纳税人如果从小规模纳税人处购买商品或服务，虽然也能取得增值税专用发票（从 2020 年 2 月起，小规模纳税人也可以自行开具增值税专用发票），但是可以抵扣的额度相对来说比较低，这会增加购买方的税收负担。

因为一般纳税人和小规模纳税人所使用的征税方法不同，可能会导致二者的税收负担存在差异。不过，根据《国家税务总局关于增值税一般纳税人登记管理办法》（国家税务总局令第 43 号）的规定，年应税销售额没有超过规定标准的小规模纳税人，只要会计核算健全，并且能够提供准确的税务资料，也可以转变成一般纳税人。

之前为了让更多纳税人享受国家优惠政策，税务总局规定，符合条件的一般纳税人可以在 2020 年 12 月 31 日选择转登记为小规模纳税人，转登记后一样可以享受小规模纳税人的优惠政策。不过，现在这个可以转登记的政策已经结束了，大家可以继续关注，等再出现时及时办理。

如果是小规模纳税人转变为一般纳税人，因为一般纳税人的会计制度要求比较严格，企业需要聘请专门的会计人员，需要购买相关的软件等。当企业转为一般纳税人后就不能享受国家专门针对小规模纳税人的税收优惠政策了，如果没有进项税额抵扣，税收负担可能会增加。不过转为一般纳税人后，销售机会可能会增加，销售额也会提升，因为一些大的企业为了抵扣税额，会优先从一般纳税人处购买商品。

相应地，一般纳税人转为小规模纳税人后，成本可能会降低，也能享受到国家对小规模纳税人的优惠，但是也失去了可以使用进项税抵扣的机会，失去了一般纳税人的其他附加优势。

### 7.1.2　企业依据纳税人身份的纳税筹划

企业到底是选择一般纳税人还是小规模纳税人，需要综合考虑。一般来说企业可以从以下三个标准来判断到底选择哪种类型。

1. 增值率判断法

增值率是指增值税计征中法定增值额与产品课税金额之间的比例，

增值率公式为：

增值率 =( 不含税销售额 – 不含税购进额 ) ÷ 不含税销售额

现假设某一般纳税人企业甲的不含税销售额是 $A$，不含税购进额是 $B$，增值率为 $Z$，其税率我们假设为 13%，那么甲企业的应纳增值税为 $A\times13\%-B\times13\%$，如果换成增值率以后就是 $A\times Z\times13\%$；如果是小规模纳税人，假设其征收率为 3%（这里没考虑小规模纳税人的增值税优惠政策），则其应纳增值税是 $A\times3\%$，当两种纳税人的税负相等，也就是：

$A\times Z\times13\%=A\times3\%$ 时，则有 $Z=23.08\%$。

这就是意味着当增值率为 23.08% 时，企业无论选择一般纳税人还是小规模纳税人,其增值税的税收负担都是相等的；当增值率小于 23.08% 时，企业选择一般纳税人的税收负担会小一些；当增值率大于 23.08% 时，企业选择小规模纳税人的税收负担会小一些。

对于其他税率的企业可以根据这个公式自行代入判断。

不过，这里只是从企业增值税税收负担考虑，还有很多其他的因素没有考虑。企业到底是选择一般纳税人还是小规模纳税人，除了增值税的税收负担，还有行业的不同，企业其他税种的影响，一些成本和费用以及经济活动的难易程度，这些在选择时都是需要考虑的。不过后面这些无法用准确的数据去表示出来，只能凭借以往的经验判断，所以税务筹划不是简单的数字计算而是一种综合性的智力活动。

2. 可抵扣进项占销售额的比重判断法

这里主要考虑一般情况，以一般纳税人适用的 13% 的税率和小规模纳税人适用的 3% 的税率为例来说明。

假如甲企业，其不含税销售额是 $A$，$X$ 为可抵扣进项占销售额的比重，那么甲企业的进项金额是 $AX$。如果甲企业是一般纳税人，则甲应该缴纳的增值税是 $A\times13\%-AX\times13\%$；如果是小规模纳税人，其应纳增值税是 $A\times3\%$（没考虑优惠政策），则有：

$A\times13\%-AX\times13\%=A\times3\%$ 时，$X=76.92\%$。

意思就是当可抵扣进项占销售额的比重为 76.92% 时，企业无论选择一般纳税人还是小规模纳税人，其增值税的税收负担都是相等的；当可抵扣进项占销售额的比重大于76.92%时，企业选择一般纳税人的税收负担会小一些；当可抵扣进项占销售额的比重小于76.92%时，企业选择小规模纳税人的税收负担会小一些。

3. 含税销售额与含税购货额比较法

如果纳税人的购进额和销售额都是含税的，也可以计算其平衡点。

假设 $A$ 为含增值税的销售额，$B$ 为含增值税的购货额，并且两者都是同期的，假设两者的税负相等，则有：

$$[A\div(1+13\%)-B\div(1+13\%)]\times13\%=A\div(1+3\%)\times3\%,$$

得出 $\frac{B}{A}=74.68\%$。

也就是说，当企业的含税购货额为同期销售额的74.68%时，一般纳税人和小规模纳税人的增值税税负是相等的；当同期的含税购物额大于74.68%时，选择一般纳税人的增值税税收负担会小一些；当同期的含税购物额小于74.68%时，选择小规模纳税人的增值税税收负担会小一些。

以上三种情况都建立在假设纳税人可以取得税率为13%的增值税专用发票的情况下，如果小规模纳税人取得的发票都是增值税普通发票，无法抵扣，那么也就不需要考虑转为一般纳税人了。

企业在开始设立的时候，可以根据以上三个标准来判断自身增值税的负担，并将其他的一些因素综合考虑进去，判断到底选择何种身份。不过，如果以前没有开办过企业可能预估得不太准确，这样纳税筹划的结果也不会准。因为小规模纳税人在以后的纳税期间可以转化为一般纳税人，所以如果是小型企业的话，开始可以选择小规模纳税人的身份，毕竟现在小规模纳税人的各项优惠政策比较多，等以后有需要的时候再转为一般纳税人就行了。

## 7.2 巧用小微企业的优惠政策进行纳税筹划

“小微企业”是一个习惯性的叫法，是和“大中企业”相对来讲的。

因为2011年财政部发布《中小企业划型标准》，里面根据企业从业人员、营业收入、资产总额等指标将16个行业的中小企业划分成中型、小型、微型三种类型，小微企业可以理解成其中的小型和微型企业。而“小型微利企业”主要是企业所得税中使用的，特点除了体现在“小型”上，还有“微利”，这个主要用于企业所得税优惠政策方面。

根据《财政部、税务总局关于明确增值税小规模纳税人免征增值税政策的公告》（财政部、税务总局公告2021年第11号）的规定：

自2021年4月1日至2022年12月31日，对月销售额15万元以下（含本数）的增值税小规模纳税人，免征增值税。

（1）小规模纳税人发生增值税应税销售行为，合计月销售额未超过15万元（以1个季度为1个纳税期的，季度销售额未超过45万元，下同）的，免征增值税。小规模纳税人发生增值税应税销售行为，合计月销售额超过15万元，但扣除本期发生的销售不动产的销售额后未超过15万元的，其销售货物、劳务、服务、无形资产取得的销售额免征增值税。

甲企业是小规模纳税人，选择的是按月申报纳税。2021年10月，甲企业销售货物10万元，提供服务获得4万元，销售不动产获得50万元，则甲企业10月份销售额为64（10+4+50）万元。虽然超过15万元的免税标准，但是因为扣除销售不动产的50万元后，月销售额只有14万元，未超过15万元的限额，所以该企业10月份能享受小规模纳税人免税政策，这14万元是不用缴纳增值税的，但销售不动产获得的50万元应纳税。

（2）适用增值税差额征税政策的小规模纳税人，以差额后的销售额确定是否可以享受本公告规定的免征增值税政策。《增值税纳税申报表（小规模纳税人适用）》中的“免税销售额”相关栏次，填写差额后的销售额。

某按月申报的小规模纳税人，在2021年10月份因提供建筑服务取得收入70万元，不过当月向其他建筑企业支付分包款58万元，则10月该企业差额后的销售额为12万元（70–58），没有超过15万元，所以当月该企业不用缴纳增值税。

（3）按固定期限纳税的小规模纳税人可以选择以1个月或1个季度

为纳税期限，一经选择，一个会计年度内不得变更。小规模纳税人，因为纳税期限的不同，可享受免税政策的效果存在差异，可根据自身企业的实际情况，做出有利于自己的选择。

某小规模纳税人2021年7月到9月的销售额分别是18万元、16万元、10万元，如果该企业选择按月纳税的话，只9月份能享受免增值税的优惠，但该企业如果选择按季纳税，因为该季度销售额为44万元，没有超过45万元的限额，所以全部增值税都可以免除。

如果小规模纳税人每年大多时候月份的销售额可能都不会超过15万元，只是偶尔有月份会超过15万元，那么选择按月纳税能享受的优惠更多。到底是选择按月还是按季度纳税企业要根据自己的实际情况来定。

（4）《中华人民共和国增值税暂行条例实施细则》第九条所称的其他个人，采取一次性收取租金形式出租不动产取得的租金收入，可在对应的租赁期内平均分摊，分摊后的月租金收入未超过15万元的，免征增值税。

（5）按照现行规定应当预缴增值税税款的小规模纳税人，凡在预缴地实现的月销售额未超过15万元的，当期无需预缴税款。

对于所有小规模纳税人来说，只要满足上面的条件都可以享受到这个增值税的优惠政策。那些销量季节性比较强的小规模纳税人，可以提前进行税务筹划，将纳税期限变成一个季度的，这样其他季度如果销售额小于45万元，就可以减免增值税及一些附加税。

## 7.3 企业选择供应商的纳税筹划

### 7.3.1 区分供应商

因为一般纳税人可以开具增值税专用发票，而税法规定，只有增值税专用发票才能作为抵扣凭证，所以本身就是一般纳税人的企业从另一家一般纳税人企业采购货物时，部分增值税是可以抵扣的。如果是从只能开具增值税普通发票的小规模纳税人处采购货物的话，是无法抵扣其中所包含的增值税的。所以企业选择不同的供应商，可抵扣的增值税比例会不同，这将影响企业的实际税收负担。

如果一般纳税人和小规模纳税人两者的价格一样，那么肯定选择为一般纳税人的供应商了，因为可以抵扣部分增值税，相当于降低了产品的成本。但是大多时候企业会遇到这样的情况，A企业需要的某种材料，B企业（一般纳税人）可以供应，C企业（小规模纳税人）愿意以更低的价格供应，这时候A企业就要筹划C企业的价格降低到多少，自己采购才比较合算？

一般纳税人按采购货物的渠道可以把供应商分为三种：

第一种是一般纳税人，它可以开具税率为13%的增值税专用发票；

第二种是可以开具增值税专用发票的小规模纳税人；

第三种是只能开具增值税普通发票的小规模纳税人（增值税普通发票不能抵扣）。

下面以具体的例子来说明。

假设某A公司为增值税一般纳税人，其税率为13%，某天需采购一批商品，进价为113万元（含增值税），销售价格为203.4万元（含增值税）。假设A公司有三种不同的供应商可选，我们来计算A公司选择三种不同的供应商后，需要交的增值税。

（1）一般纳税人B为供应商，税率为13%：

那么应纳增值税为：203.4÷（1+13%）×13%−113 ÷（1+13%）×13%=23.4−13 = 10.4万元。

（2）选择可以代开增值税专用发票的小规模纳税人C为供应商，不过税率为3%：

那么应纳增值税：203.4 ÷（1+13%）×13%−113÷（1+3%）×3% = 20.11万元。

（3）选择不能开增值税专用发票的小规模纳税人D为供应商：

那么应纳增值税：203.4 ÷（1+13%）×13% = 23.4万元。

从这个案例不难看出，当进价和售价一样时，选择一般纳税人为供货商时交税最少；选择不能开增值税专用发票的小规模纳税人时交税最多，这还没有考虑因为增值税而另外需要交的城市维护建设税和教育费附加。

### 7.3.2 纳税筹划

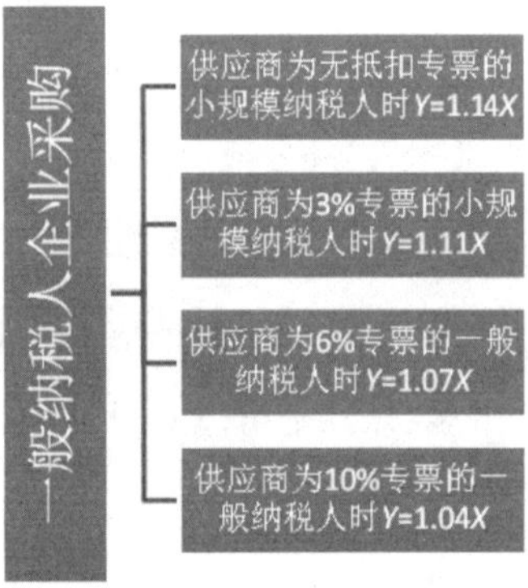


通常情况下作为小规模的纳税人为了留住客户，都愿意在价格上给予一定的优惠。这时作为采购方就需要考虑，对方究竟给出多大的优惠幅度才能弥补没有增值税专用发票带来的损失。

假设从小规模纳税人供应商处的进货物价格（含税）为 $X$，一般纳税人供应商处的进货物价格（含税，税率为13%）为 $Y$，因为增值税专用发票可以抵扣 $Y \div (1+13\%) \times 13\%$ 的进项税，进项税7%的城市维护建设税和进项税3%的教育费附加，为使两者相等，则可以得到下列公式：

$$Y-Y \div (1+13\%) \times 13\% \times (1+3\%+7\%)=X,$$

$$Y=1.14X,$$

$$\frac{X}{Y}=87.35\%。$$

也就是说，当该企业从一般纳税人处的进货价为 $Y$ 时，从小规模纳税人的进货价为一般纳税人进货价格的87.35%时，二者所要缴纳的增值税才是相等的。当小规模纳税人的报价折扣低于这个比率时，那么从一般纳税人供应商那里采购比较划算，因为可以抵扣的税额大于从小规模纳税那里采购得到的优惠。如果小规模纳税人的报价折扣高于87.35%的比例，那么从小规模纳税人处采购更优惠。

根据上面的原理，如果一般纳税人企业从小规模纳税人能取得3%的增值税专用发票，那么要减去3%的专用发票可以抵扣的进项税额，以及相关的城市维护建设税及教育费附加，那么与取得13%增值税专用发票的成本换算公式是：

$Y-Y\div(1+13\%)\times13\%\times(1+3\%+7\%)=X-X\div(1+3\%)\times3\%\times(1+3\%+7\%)$，

$Y=1.11X$。

如果一般人纳税人企业能取得6%的增值税专用发票，其成本换算公式是：

$Y-Y\div(1+13\%)\times13\%\times(1+3\%+7\%)=X-X\div(1+6\%)\times6\%\times(1+3\%+7\%)$，

$Y=1.07X$。

如果一般人纳税人企业能取得10%的增值税专用发票，其成本换算公式是：

$Y-Y\div(1+13\%)\times13\%\times(1+3\%+7\%)=X-X\div(1+9\%)\times9\%\times(1+3\%+7\%)$，

$Y=1.04X$。

一般从小规模纳税人处采购的价格会较低，当企业采购从小规模纳税人处想换到一般纳税人处时，价格肯定会增加，但是最高定价多少才合适呢？就是在原来小规模处的价格乘以前面的系数就是最高价格，如果超过这个价格，那么从一般纳税人那里进货就不合适了。

比如，某一般纳税人企业之前从一个小规模处进货价格为100元，只能取得增值税普通发票，那么想要换到税率为13%的一般纳税人处时，进货价格最高就是1.14×100=114元，低于这个价格可以考虑进货，高于这个价格就不合适了。

企业可以通过以上换算的结果，看看自己企业的供应商能提供什么样的抵扣税率的增值税发票，对比价格，好选择最优供应商。

不过这里主要从增值税负担角度来考虑的，现实中可能还需要考虑运输成本、储存成本、交货时间、信用关系等各方面，企业要综合考量，选择最佳方案。

## 7.4 折扣销售中的纳税筹划

### 7.4.1 折扣销售及纳税规定

企业在销售活动中经常会使用各种优惠方式来促成交易，折扣销售是常用的一种。

折扣销售也是商业折扣，是指销售方在销售货物或提供应税劳务时，因购买方购货数量较大、购买频繁等原因而给予购买方价格方面的优惠。比如一种商品如果购买100件，可以按销售价格折扣5%；如果购买500件，则价格折扣15%，销售额越大，折扣就越大，价格就越优惠。

折扣销售，是先折扣，后销售，就是我们平常说的“打折”。对于折扣销售的增值税处理，国家税务总局《关于印发〈增值税若干具体问题的规定〉的通知》（国税发〔1993〕154号）的第二条中规定：

纳税人采取折扣方式销售货物，如果销售额和折扣额在同一张发票上分别注明的，可按折扣后的销售额征收增值税；如果将折扣额另开发票，不论其在财务上如何处理，均不得从销售额中减除折扣额。

后来国家税务总局又发布了《关于折扣额抵减增值税应税销售额问题的通知》（国税函〔2010〕56号），里面明确规定：

纳税人采取折扣方式销售货物，销售额和折扣额在同一张发票上分别注明是指销售额和折扣额在同一张发票上的“金额”栏分别注明的，可按折扣后的销售额征收增值税。未在同一张发票“金额”栏注明折扣额，而仅在发票的“备注”栏注明折扣额的，折扣额不得从销售额中减除。

国家税务总局在2006年发布了《关于纳税人折扣折让行为开具红字增值税专用发票问题的通知》（国税函〔2006〕1279号），通知中规定：

纳税人销售货物并向购买方开具增值税专用发票后，由于购货方在一定时期内累计购买货物达到一定数量，或者由于市场价格下降等原因，销货方给予购货方相应的价格优惠或补偿等折扣、折让行为，销货方可按现行《增值税专用发票使用规定》的有关规定开具红字增值税专用发票。

但是折扣销售仅限于货物价格的折扣，如果销售者将自产、委托加工和购买的货物用于实物折扣的，则该实物款额不能从销售货物额中减除，且按增值税条例“视同销售货物”中的“赠送他人”计算征收增值税。

### 7.4.2 折扣销售的纳税筹划

某企业是一般纳税人，2019 年 10 月因仓库中商品积压太多，为了促进产品销售，企业规定凡是购买其产品 1 000 件及以上的给予 10% 的折扣，购买其产品 2 000 件及以上的给予 15% 的折扣。该企业的增值税率是 13%，其产品不含税单价是 1 000 元，如果 A 公司购买了 2 000 件该企业的产品，该企业对其应纳增值税怎么筹划呢？

如果该企业没有将折扣额写在同一张发票上，而是另外开了一张发票，那么该企业应该缴纳的增值税应该以销售额的全部计税，也就是需要缴纳的增值税 =2 000×1 000×13%=260 000 元。

如果该企业的开票人员熟悉税法，知道将销售额与折扣额开在同一张发票上，并分别注明金额（不是在备注栏注明），那么该企业应缴纳的增值税是以扣除折扣之后为计税基础的，应纳增值税 =2 000×1 000×（1–15%）×13%=221 000 元。

通过这样的纳税筹划可以节税 260 000–221 000=39 000 元。

实际销售中还会使用实物折扣的方式，前面说过这种折扣方式的增值税不能扣除，所以企业尽量不要选择这种方式，如果必须得选，可以通过在发票上调整，将其变成价格折扣。

某企业在 2019 年 10 月，准备用实物折扣的方式促销一批商品，买

200件赠送10件，该企业共计促销20 000件商品，赠送出1 000件，每件不含税价格为100元，该企业增值税率为13%。

该怎样对该企业的增值税进行纳税筹划呢？

如果按照实物折扣的方式销售后，该企业应该缴纳的增值税=（20 000+1 000）×100×13%=273 000元。

如果对该次活动进行筹划，将实物折扣在开发票时变成价格折扣销售，也就是按照21 000件商品计算，商品的总价格是2 100 000元，打折后为2 000 000元，并开在同一张发票上，分别注明销售额和折扣额，这样的话该企业就不用再缴纳赠送商品的增值税了，通过筹划该企业所缴纳的增值税=2 000 000×13%=260 000元，相当于节税13 000元。

## 7.5 销售折扣中的纳税筹划

### 7.5.1 销售折扣及相关纳税规定

在企业的实际销售中，有时为了推销商品和尽快回笼资金，常常会给予购货方一定的价格上的优惠，这就是销售折扣，也是现金折扣。

销售折扣是指企业在销售货物或提供应税劳务后，为了鼓励购货方及早偿还货款，而给予购货方的一定价格上的优惠。销售折扣通常采用2/10、1/20、*N*/30等符号，其含义就是：如果购货方在10天内付清货款，那么货款折扣额是2%；如果在20天内付清货款，折扣额就是1%；如果30内付清货款，那么就全额支付。

因为销售折扣是发生在销售货物或提供劳务之后，其本身并不属于销售行为，而是属于一种融资性质的理财费用，所以销售折扣不得从销售额中扣除，企业应按照全部销售额缴纳增值税，其实际发生的销售折扣计入财务费用。

企业在确定销售额时，应当把折扣销售和销售折扣严格区分开来，以免漏交税款。

国家税务总局在《关于确认企业所得税收入若干问题的通知》（国税函〔2008〕875 号）中规定：

债权人为鼓励债务人在规定的期限内付款而向债务人提供的债务扣除属于现金折扣，销售商品涉及现金折扣的，应当按扣除现金折扣前的金额确定销售商品收入金额，现金折扣在实际发生时作为财务费用扣除。

企业为了降低自身的税负，最好选用折扣销售的方式，少用销售折扣的方式，不过具体选择还要根据企业的实际情况。如果购货方是一家信誉良好的企业，货款回收的风险很小，可以考虑将销售合同中的销售折扣修改为折扣销售的方式。

### 7.5.2 销售折扣的纳税筹划

某企业销售一批产品，跟客户签订的合同约定售价（不含税）是 100 000 元，规定的现金折扣条件是 2/10、*N*/30，增值税税率 13%。因为是销售折扣，不管客户什么时候付款，该企业的增值税销项都是 100 000×13%=13 000 元。

下面对该企业进行纳税筹划。

该企业可以主动压低报价，将合同金额降低到 98 000 元，也就是给与对方 2% 的优惠，并在合同中约定，如果购货方超过 10 天付款，加收 2 260 元（相当于 2 000 元的销售额及 260 元的增值税）滞纳金。

这样一来，企业的收入并没有受到什么影响。如果购货方在 10 天内付完货款，那就根据约定的价格 98 000 元开具增值税专用发票，并缴纳 12 740 元的增值税（相当于节省了 260 元的增值税）；如果购货方没有在 10 天内付款，那么企业就向对方收取 2 000 元的滞纳金，此时以“全部价款和价外费用”100 000 元计算销项增值税。

## 7.6　利用农产品的免征政策进行纳税筹划

### 7.6.1　农产品的免征政策

《中华人民共和国增值税暂行条例》第十五条第（一）项规定：

农业生产者销售的自产农产品免征增值税。

《中华人民共和国增值税暂行条例实施细则》第三十五条第（一）项中规定：

第一款第（一）项所称农业，是指种植业、养殖业、林业、牧业、水产业。

农业生产者，包括从事农业生产的单位和个人。

农产品，是指初级农产品，具体范围由财政部、国家税务总局确定。

2018年，国家税务总局公布《农民专业合作社销售农产品免征增值税》的规定：

农民专业合作社销售本社成员生产的农产品，视同农业生产者销售自产农产品免征增值税。

同时《中华人民共和国增值税暂行条例》第八条第（三）项中规定：

购进农产品，除取得增值税专用发票或者海关进口增值税专用缴款书外，按照农产品收购发票或者销售发票上注明的农产品买价和11%的扣除率计算的进项税额，国务院另有规定的除外。

进项税额计算公式为：进项税额 = 买价 × 扣除率

不过，根据《财政部、税务总局关于调整增值税税率的通知》（财税〔2018〕32号）的规定：

纳税人购进农产品，原适用11%扣除率的，扣除率调整为10%。

2019年3月财政部、税务总局、海关总署联合发布的《关于深化增值税改革有关政策的公告》中第二条规定：

纳税人购进农产品，原适用10%扣除率的，扣除率调整为9%。纳税人购进用于生产或者委托加工13%税率货物的农产品，按照10%的扣除率计算进项税额。

从 2019 年 4 月 1 日开始，增值税一般纳税人购进农产品，取得（开具）农产品销售发票或收购发票的，是以农产品销售发票或收购发票上注明的农产品买价和 9% 的扣除率计算进项税额。



### 7.6.2　利用农产品免征政策的纳税筹划

增值税一般纳税人购进农产品，从按照简易计税方法依照 3% 征收率计算缴纳增值税的小规模纳税人处取得增值税专用发票的，以增值税专用发票上注明的金额和 9% 的扣除率计算进项税额。

这里需要注意，农产品免税只是针对农业生产者销售自产的农产品才免收增值税，如果农业生产者对自己的产品进行深加工后再销售，是无法享受这个免税优惠的。所以企业在创建之初就要根据自身的经营内容和方式，进行系统的税务筹划，尤其是对于农产品加工企业而言更需提前合理规划。

若一个企业既包括原料农场，又包括农产品加工，可以将农场和加工厂分成两个独立的法人，这样可以减轻企业的税负。因为农场自产自销未加工的初级农产品（如小麦），可以享受国家的免增值税优惠政策。加工厂购进农场的小麦后，可按购进的农产品价格核算，按照 9% 扣除率计算进项税额，进行抵扣，降低企业的税负。

某企业为一家家具生产企业，每年从农民手里收购 1 000 万元的板材。假如农民加工这些板材所用的树木成本是 680 万元，该企业每年销售家具取得的不含税收入为 3 000 万元，根据新政策，该企业的增值税税率应该是 13%。

下面对该企业的增值税进行纳税筹划。

假如该企业直接收购加工的板材，应该缴纳的增值税 =3 000×13%=390 万元。

如果该企业直接从农户手里收购树木，然后雇用农民加工成板材，则其应缴纳的增值税 =3 000×13%–680×9%=328.8 万元。

所以，该企业如果直接从农户手里购买树木，将会少缴增值税 390–328.8=61.2 万元。

## 7.7 增值税“加计抵减”新政策的纳税筹划

### 7.7.1 享受增值税“加计抵减”的企业

2019 年 3 月，财政部、税务总局、海关总署三部门联合发布了《关于深化增值税改革有关政策的公告》（财政部、税务总局、海关总署公告 2019 年第 39 号），在这个公告中公布了将增值税一般纳税人原适用税率为 16% 的调整为 13%，原适用 10% 税率的，税率调整为 9%。还在第七条中规定：

自 2019 年 4 月 1 日至 2021 年 12 月 31 日，允许生产、生活性服务业纳税人按照当期可抵扣进项税额加计 10%，抵减应纳税额（以下称加计抵减政策）。

这里能享受优惠加计扣除的是生产、生活性服务业纳税人，具体是指提供邮政服务、电信服务、现代服务、生活服务为主（要求取得的销售额占全部销售额的比重超过 50% 的纳税人），也就是其主业必须是邮政、电信、现代、生活这四类服务业，目前也只有这四类服务业。

邮政服务，是指中国邮政集团公司及其所属邮政企业提供邮件寄递、邮政汇兑和机要通信等邮政基本服务的业务活动。包括邮政普遍服务、邮政特殊服务和其他邮政服务。

电信服务，是指利用有线、无线的电磁系统或者光电系统等各种通信网络资源，提供语音通话服务，传送、发射、接收或者应用图像、短信等电子数据和信息的业务活动。包括基础电信服务和增值电信服务。

现代服务，是指围绕制造业、文化产业、现代物流产业等提供技术性、知识性服务的业务活动。包括研发和技术服务、信息技术服务、文化创意服务、物流辅助服务、租赁服务、鉴证咨询服务、广播影视服务、商务辅助服务和其他现代服务。

生活服务，是指为满足城乡居民日常生活需求提供的各类服务活动。包括文化体育服务、教育医疗服务、旅游娱乐服务、餐饮住宿服务、居民日常服务和其他生活服务。

### 7.7.2 增值税“加计抵减”的纳税筹划

享受该优惠政策的企业，可以按照当期可抵扣进项税额的10%计提当期加计抵减额，并单独核算加计抵减额的计提、抵减、调减、结语等变动情况。

计算公式如下：

当期计提加计抵减额 = 当期可抵扣进项税额 ×10%

当期可抵减加计抵减额 = 上期末加计抵减额余额 + 当期计提加计抵减额 – 当期调减加计抵减额

纳税人确定适用加计抵减政策后，当年内不再调整，以后年度是否适用，根据上年度销售额计算确定。对于加计抵减政策执行到期后，纳税人将不再计提加计抵减额，结余的加计抵减额停止抵减。

如果企业在抵减前的应纳税额等于零的，当期可抵减加计抵减额全部结转下期抵减；如果企业抵减前的应纳税额大于零，且大于当期可抵减加计抵减额的，当期可抵减加计抵减额全额从抵减前的应纳税额中抵减；如果企业抵减前的应纳税额大于零，且小于或等于当期可抵减加计抵减额的，以当期可抵减加计抵减额抵减应纳税额至零。未抵减完的当期可抵减加计抵减额，结转下期继续抵减。

某企业是从事文化创意服务的一般纳税人企业，其2019年4月份所有收入为提供广告服务的300万元（不含税），取得进项发票100万元（不含税，税率为6%），那么4月份该企业应纳增值税为：

增值税销项 =300×6%=18 万元。

增值税进项 =100×6%=6 万元。

进项加计扣除 =6×10%=0.6 万元。

该企业 4 月份应纳增值税 =18–（6+0.6）=11.4 万元。

## 7.8 增值税结算方式的纳税筹划

### 7.8.1 增值税结算方式规定

企业当期需要缴纳的增值税是当期销项税额减去当期进项税额之差。销项税额的确定是按收讫价款或者取得索取价款凭证来确定的；进项税额是以购进货物验收入库或者付款为依据的。

想要延迟纳税的时间，可以推迟销售额的实现，或者提前进行进项税额的抵扣。根据《中华人民共和国增值税暂行条例》第十九条规定，增值税纳税义务发生的时间：

（一）发生应税销售行为，为收讫销售款项或者取得索取销售款项凭据的当天；先开具发票的，为开具发票的当天。

（二）进口货物，为报关进口的当天。

根据《中华人民共和国增值税暂行条例实施细则》第三十八条规定，条例第十九条第一款第（一）项规定的收讫销售款项或者取得索取销售款项凭据的当天，按销售结算方式的不同，具体为：

（一）采取直接收款方式销售货物，不论货物是否发出，均为收到销售款或者取得索取销售款凭据的当天。

（二）采取托收承付和委托银行收款方式销售货物，为发出货物并办妥托收手续的当天。

（三）采取赊销和分期收款方式销售货物，为书面合同约定的收款日期的当天，无书面合同的或者书面合同没有约定收款日期的，为货物发出的当天。

（四）采取预收货款方式销售货物，为货物发出的当天，但生产销售生产工期超过 12 个月的大型机械设备、船舶、飞机等货物，为收到预收款或者书面合同约定的收款日期的当天。

（五）委托其他纳税人代销货物，为收到代销单位的代销清单或者收到全部或者部分货款的当天。未收到代销清单及货款的，为发出代销货物满 180 天的当天。

（六）销售应税劳务，为提供劳务同时收讫销售款或者取得索取销售款的凭据的当天。

（七）纳税人发生视同销售货物行为，为货物移送的当天。

从上面的规定可以看出，不同的结算方式，增值税纳税义务发生的时间也是不一样的，纳税人可以通过调整结算方式，选择对自己有利的销售方式，来进行增值税的纳税筹划。该筹划就是在税法允许的范围内，尽量推迟纳税时间，从而获得延期纳税。

### 7.8.2 销售结算方式的纳税筹划

销售结算方式通常有直接收款、委托收款、托收承付、赊销或分期收款、预收款销售、委托代销等。

因为赊销和分期收款结算方式的纳税义务发生时间都是以合同约定日期为限的，这表示企业在纳税义务时间的确定上，有充分的自主权，也就有了筹划的空间。所以，企业对一些一时无法收回或者部分无法收回的应收货款，可以选择赊销或者分期收款的结算方式，尽量回避直接收款的方式。

不过，企业在采取赊销和分期付款的方式时，如果购货方在合同约定的时间无法完成合约，就要及时修改销售合同，要不然在没收到货款时就要缴纳增值税了。

某企业为一般纳税人企业，在 2019 年 8 月共发生了 10 笔销售业务，共计 3 300 万元（不含税），货物已经全部发出。其中有 8 笔业务，共计 1 900 万元是货款两清的；还有一笔 400 万元的业务，两年后才能一次结清；另一笔 1 000 万元业务一年后支付货款的 60%，一年半后支付货款的

20%，剩余的20%要等两年后结清。

下面对该企业的增值税进行纳税筹划。

如果该企业全部采取直接收款的结算方式，那么2019年6月，该企业应该按照8月的全部销售额计提并缴纳增值税，其增值税销项税额为：

销项税额=3 300×13%=429万元。

其实，这时还有1 400万元的货款实际并没有收到，但是因为采取的是直接收款的结算方式，所以根据规定也得先交纳增值税182万元（1 400×13%=182），相当于企业拿出自己的钱去垫付增值税金，这对企业产生一定的资金压力，也给企业带来一定的风险，万一最后货款无法收回，企业不仅要损失货款，还损失了部分增值税金。

所以，企业应该对没有收到货款的400万元和1 000万元分别采取赊销和分期付款的结算方式，这样既能推迟纳税，又没有违反税法的规定，达到了延缓纳税的目的。

一年后才能收到的货款600万元（1 000×60%=600），在收到货款后再交税78万元（600×13%=78）；

一年半后才能收到的货款200万元（1 000×20%=200），在收到货款后再交增值税26万元（200×13%=26）；

两年后才能收到的货款600万元（400+1 000×20%=600），两年后再交这部分的增值税78万元（600×13%=78）。

委托代销商品是指委托方将商品交付给受托方，受托方将商品销售后，开具销货清单给委托方，委托方这时才确认销售收入并确认增值税销项税额。根据这一原理，如果企业的产品销售对象是商业企业，并且是实现销售后再付款结算，这时可以采取委托代销的结算方式，这样企业可以根据其实际收到的货款来分期缴纳销项税额，从而延迟纳税。

不过，对于委托销售，如果发现代销货物即将满180天，还没有收到代销清单及货款，那么就应当及时办理退货手续，要不然就要缴纳增值税了。

# 第 8 章　企业所得税纳税筹划

## 8.1　利用小微利企业低税率政策进行纳税筹划

最近国家出台了很多对小微企业的优惠政策，优惠税种不仅包括企业所得税、增值税，还扩大到资源税、城市维护建设税、城镇土地使用税、房产税、印花税（不包括证券交易印花税）、耕地占用税以及教育费附加、地方教育附加。

2019 年 1 月，国家税务总局又发布了《关于实施小型微利企业普惠性所得税减免政策有关问题的公告》（国家税务总局公告 2019 年第 2 号），进一步推进了小微企业惠普性税收减免措施。

这次优惠政策不仅放宽了小型微利企业的标准，还加大了企业所得税的优惠力度，并且在企业所得税中还引入了超额累进计算法。

据统计，这次小微企业的企业所得税减税将惠及 1 798 万家企业，占全国纳税企业的 95% 以上，其中 98% 是民营企业。这意味着我国绝大部分企业主体都能享受到这项优惠政策。

2021 年 4 月 7 日，国家税务总局又发布了《关于落实支持小型微利企业和个体工商户发展所得税优惠政策有关事项的公告》（国家税务总局公告2021年第8号）。公告规定了小型微利企业所得税优惠的新政策。

从2021年1月1日至2022年12月31日，对小型微利企业年应纳税所得额不超过100万元的部分，减按12.5%计入应纳税所得额，按20%的税率缴纳企业所得税。

从2019年1月1日至2021年12月31日，对年应纳税所得额超过100万元但不超过300万元的部分，减按50%计入应纳税所得额，按20%的税率缴纳企业所得税。

注意，这里只要符合小型微利企业，不管是小规模纳税人还是一般纳税人企业，不管其企业所得税是按查账征收方式征收还是按核定征收方式征收，都可享受上面的优惠政策。

小型微利企业的判断标准是指从事国家非限制和禁止行业，同时符合年度应纳税所得额不超过300万元、从业人数不超过300人、资产总额不超过5 000万元等三个条件。

假如符合小型微利标准的某企业，其2021年的应纳税额是300万元，那么它应交的所得税就是：

（1）100×12.5%×20%=2.5万元；

（2）200×50%×20%=20万元；

（3）所以2021年该企业应缴纳企业所得税为2.5+20=22.5万元。

假如该企业2021年全年应纳所得税额为300.000 1万元，那么应缴纳的企业所得税为：

300.000 1×25%=75万元。

你看，就因为多了1元钱，但是应纳所得税额就多了75−22.5=52.5万元。既然国家的政策已经定了，那么企业就应该提前根据国家的政策对自己的税务进行筹划，避免一些不必要的经济损失。

对于一些处于临界点的企业，要合理合法地控制一下。这里需要注意一下，这个优惠政策说的是应纳税所得额而不是利润总额。

应纳税所得额是企业每一个纳税年度的收入总额，减除不征税收入、免税收入、各项扣除以及允许弥补的以前年度亏损后的余额。在计算应纳税所得额的时候一定要严格遵守国家的政策法规，否则处于临界点的企业遇到调增，导致应纳税所得额超过300万元，那么补交的税款就是50多万元。

因为一些增值税小规模纳税人的企业，如果月销售额未超过15万元（1个季度未超过45万元）的，同时又符合小型微利企业认定条件的，可以同时享受增值税和企业所得税的优惠。对于已经享受原有地方税种优惠政策的增值税小规模纳税人企业，可以政策叠加，还能享受这次的普惠性税收减免政策。

## 8.2 子公司与分公司的纳税筹划

### 8.2.1 子公司与分公司

现在一些大的企业，都会在不同的地方成立一个子公司或者分公司。子公司和分公司有什么不同？什么情况下选择成立子公司，什么时候选择成立分公司呢？下面我们先来看看二者有什么不同。

分公司是与总公司相对应的一个概念，很多大型企业在世界各地都有自己的分公司。虽然分公司与总公司的关系同子公司和母公司类似，不过分公司没有独立的法律地位，不是真正意义上的公司。

分公司的特性表现为：

（1）分公司没有自己独立的财产，其所有财产都是总公司财产的一部分，被列入总公司的资产负债表中；

（2）分公司不独立承担民事责任；

（3）分公司没有自己的章程，没有董事会等形式的公司经营决策和业务执行机关。

子公司与母公司的概念相对应，是指有一定比例以上的股份被另一公司所拥有或通过协议方式受到另一公司实际控制的公司。子公司是具有法人资格的，它可以独立承担民事责任。

不过子公司受母公司的实际控制，这种控制关系是基于股权的占有或控制协议。但是子公司和母公司都为独立的法人，是独立的公司，有各自的资产负债表。子公司和母公司以自己所有财产为限承担各自的财产责任，互不连带。

因为世界各国对子公司和分公司在税收待遇上有不同的规定，这为企业或者跨国企业在设立附属企业的组织形式上提供了筹划的空间。

《中华人民共和国企业所得税法》第五十条规定：

除税收法律、行政法规另有规定外，居民企业以企业登记注册地为纳税地点；但登记注册地在境外的，以实际管理机构所在地为纳税地点。

居民企业在中国境内设立不具有法人资格的营业机构的，应当汇总计算并缴纳企业所得税。

《中华人民共和国公司法》第十四条规定：

公司可以设立分公司。设立分公司，应当向公司登记机关申请登记，领取营业执照。分公司不具有法人资格，其民事责任由公司承担。

公司可以设立子公司，子公司具有法人资格，依法独立承担民事责任。

### 8.2.2 子公司与分公司的纳税筹划

对于非独立核算的分公司来说，其将自动汇总到公司总部缴纳企业所得税，而子公司可以自己核算纳税。那么总公司该怎样利用分公司或子公司来做税务筹划，以减轻自己的税负呢?

1. 双盈利

当总机构盈利，而新设置的分支机构可能出现亏损时，应当选择总分公司模式。

因为根据税法规定，分公司的亏损可以由总公司的利润弥补，这样总公司就达到了延迟纳税的目的。如果这时选择设立子公司，子公司是独立纳税人，其亏损不能通过母公司去弥补，只能通过以后年度实现的利润去弥补。

2. 总机构亏损，新设分支机构可能盈利

当总机构亏损，而新设置的分支机构可能盈利时，应当选择母子公司模式。

因为这时子公司不需要承担母公司的亏损，可以实现自我资金积累，求得公司的发展，同时母公司还可以把效益好的资产转移给子公司，把不良资产处理掉。

3. 享受税收优惠的情况

根据法律法规，当总机构享受税收优惠而分支机构不享受优惠时，可以选择总分公司模式，这样也能让分支机构享受到税收优惠待遇；如果分公司所在地有税收优惠政策，当分公司开始盈利后，也可以把分公司变更为子公司，享受到当地的税收优惠政策，从而获得较好的纳税效果。

4. 分支机构的利润分配形式及风险责任问题

由于分公司不具有独立法人资格，所以不便进行独立的利润分配。同时，分公司如果有风险及相关法律责任，可能会牵连到总公司，而子公司则不会有这种担忧。

通常，企业在设立分支机构时，因为设立之初的成本、费用较多，出现亏损的概率较高，所以通常采用分公司的形式比较合适，这样可以与总部盈亏互抵，减少企业税负。经过一段时间后，在分公司开始盈利后，可以将分公司变更注册为子公司，这样可以降低分支机构对总部的法律影响。

## 8.3 利用亏损弥补进行纳税筹划

《中华人民共和国企业所得税法》第十八条规定：

企业纳税年度发生的亏损，准予向以后年度结转，用以后年度的所得弥补，但结转年限最长不得超过5年。

这一规定给企业进行亏损弥补税收筹划提供了政策依据。弥补亏损是国家对纳税人的一种税收照顾，是国家帮助企业渡过暂时困难，保护税源的一项重要措施。

对于有亏损的企业，应该充分利用税法的这个规定，努力使相邻的纳税年度获得较多的利润，实现扭亏为盈，弥补亏损，也就是尽可能早的将亏损弥补。如果无法在5年内弥补亏损，第6年实现盈利后，也不能弥补之前还没有弥补的亏损了。

但是，这里企业的年度亏损额是按照税法规定计算出来的，不是通过虚列成本、多计工资、费用及其他手段虚报的亏损。企业一定要根据实际情况正确计算并申报亏损，然后才能通过纳税筹划获得合理的利益。如果使用非法的手段去虚报亏损，最后可能因触犯法律而受到制裁。

我们还是以一个例子来说明：

假如某不属于小微企业的公司在2012年度亏损了200万元，从2012~2018年各纳税年度应纳税所得额如下：

| 年度 | 2012 | 2013 | 2014 | 2015 | 2016 | 2017 | 2018 |
| --- | --- | --- | --- | --- | --- | --- | --- |
| 应纳税所得额（万元） | -200 | 20 | 20 | 40 | 60 | 20 | 110 |
| 调整后应纳税所得额（万元） | -200 | 20 | 20 | 40 | 60 | 60 | 70 |

请计算该企业在2018年需要缴纳的企业所得税，并提出筹划方案。

根据税法的规定，对于之前的亏损企业可以在以后的5年中进行弥补，也就是说可以用2013~2017年的应纳税所得额来弥补。因为从2013~2017年的应纳税所得额累计为160万元，小于2012年亏损的200万元，所以该企业这5年内都不用缴纳企业所得税。

因为该企业从2013年开始，都没有过亏损，一直在盈利，所以其2018年应缴纳的企业所得税为：110×25%=27.5万元。

对该企业来说，因为2012年的亏损较多，还没有弥补完，如果该企业在2017年进行适当的筹划，尽量增加收入，减少成本和费用，将2017年度的应纳税所得额提高到60万元，然后将2017年压缩的成本和费用尽量挪到2018年，这样2018的应纳税所得额就成了70万元。

这样该企业在2013~2017年依旧不用缴纳企业所得税，如果该企业在2018年符合小型微利企业的认定条件（2018年小微企业的认定有变化），因为其2018年应纳税所得额没有超过100万元，所以所得减按50%计入应纳税所得额，并按20%的税率缴纳企业所得税，这样的话该企业2018年所缴纳的企业所得税为：70×50%×20%=7万元。

通过筹划该企业所得税将减少27.5–7=20.5万元。

此外，根据《财政部、税务总局公告2020年第8号》，2020年受疫情影响较大的困难行业企业在2020年度发生的亏损，最长结转年限由5年延长至8年。

注意，这里的困难行业包括交通运输、餐饮、住宿、旅游四大类，具体判断标准要按照《国民经济行业分类》执行。其中，旅游是指旅行社及相关服务、游览景区管理两类。纳税人应根据自己企业的情况，自行判断能不能享受这个优惠政策。

当然并不是所有属于困难行业的企业都能享受这一优惠政策，还要看该企业在2020年度的主营业务收入有没有占收入总额（剔除不征税收入和投资收益）的50%以上，如果没有达到50%以上，将不能享受这一优惠政策。

能够享受这一优惠政策的企业，在进行2020年度企业所得税汇算清缴时，通过电子税务局提交《适用延长亏损结转年限政策声明》。《适用延长亏损结转年限政策声明》应正确填入纳税人名称、纳税人识别号（统一社会信用代码）、所属的具体行业三项信息，并对其符合政策规定、主营业务收入占比符合要求、勾选的所属困难行业等信息的真实性、准确性、完整性负责。

## 8.4 固定资产折旧的纳税筹划

### 8.4.1 固定资产折旧的税务规定

固定资产，是指企业为生产产品、提供劳务、出租或者经营管理而持有的、使用时间超过 12 个月的，价值达到一定标准的非货币性资产，包括房屋、建筑物、机器、机械、运输工具以及其他与生产经营活动有关的设备、器具、工具等。

固定资产折旧，是指固定资产损耗价值的转移，这部分价值最后被转移到产品的成本费用中了，并在产品的销售中取得补偿。由此可以看出，折旧费是成本费用的重要组成部分，所以采用不同的折旧方法将得到不同的成本，从而影响企业的税负。因此企业应根据固定资产的有关经济利益的预期实现，进行合理的筹划。折旧方法一经选择不得随意更换。

《中华人民共和国企业所得税法》第十一条第一款规定：

在计算应纳税所得额时，企业按照规定计算的固定资产折旧，准予扣除。

《中华人民共和国企业所得税法》第三十二条规定：

企业的固定资产由于技术进步等原因，确需加速折旧的，可以缩短折旧年限或者采取加速折旧的方法。

2014 年，财政部、国家税务总局发布了《关于完善固定资产加速折旧企业所得税政策的通知》（财税〔2014〕75 号），里面规定：

一、对生物药品制造业，专用设备制造业，铁路、船舶、航空航天和其他运输设备制造业，计算机、通信和其他电子设备制造业，仪器仪表制造业，信息传输、软件和信息技术服务业等 6 个行业的小型微利企业 2014 年 1 月 1 日后新购进的研发和生产经营共用的仪器、设备，单位价值不超过 100 万元的，允许一次性计入当期成本费用在计算应纳税所得额时扣除，不再分年度计算折旧；单位价值超过 100 万元的，可缩短折旧年限或采取加速折旧的方法。

二、对所有行业企业 2014 年 1 月 1 日后新购进的专门用于研发的仪器、设备，单位价值不超过 100 万元的，允许一次性计入当期成本费用在计算应纳税所得额时扣除，不再分年度计算折旧；单位价值超过 100 万元的，可缩短折旧年限或采取加速折旧的方法。

三、对所有行业企业持有的单位价值不超过 5 000 元的固定资产，允许一次性计入当期成本费用在计算应纳税所得额时扣除，不再分年度计算折旧。

2015年财政部、国家税务总局，发布了《关于进一步完善固定资产加速折旧企业所得税政策的通知》（财税〔2015〕106号），里面规定：

一、对轻工、纺织、机械、汽车等四个领域重点行业（具体范围见附件）的企业2015年1月1日后新购进的固定资产，可由企业选择缩短折旧年限或采取加速折旧的方法。

二、对上述行业的小型微利企业2015年1月1日后新购进的研发和生产经营共用的仪器、设备，单位价值不超过100万元的，允许一次性计入当期成本费用在计算应纳税所得额时扣除，不再分年度计算折旧；单位价值超过100万元的，可由企业选择缩短折旧年限或采取加速折旧的方法。

三、企业按本通知第一条、第二条规定缩短折旧年限的，最低折旧年限不得低于企业所得税法实施条例第六十条规定折旧年限的60%；采取加速折旧方法的，可采取双倍余额递减法或者年数总和法。

《中华人民共和国企业所得税法实施条例》第九十八条说明：

企业所得税法第三十二条所称可以采取缩短折旧年限或者采取加速折旧的方法的固定资产，包括：

（一）由于技术进步，产品更新换代较快的固定资产；

（二）常年处于强震动、高腐蚀状态的固定资产。

采取缩短折旧年限方法的，最低折旧年限不得低于本条例第六十条规定折旧年限的60%；采取加速折旧方法的，可以采取双倍余额递减法或者年数总和法。

以上规定给企业选择折旧方法进行纳税筹划留下了一定的空间。

### 8.4.2 基于固定资产折旧的纳税筹划

固定资产折旧的方法主要有平均年限法、工作量法、加速折旧法（包括双倍余额递减法和年数总和法）等。不同的折旧方法，所产生的效果是不同的，在进行筹划时需要考虑以下几个问题。

1. 筹划时要考虑时间价值

纳税筹划表面上看是要尽量减轻税收负担，但是也要立足于企业的生产经营目的。企业的经营目的很复杂，要考虑的投资报酬率、投资风险、投资回收速度等，所以折旧的纳税筹划最终目的是以实现股东利益最大化为主，并非只考虑税负的问题。

通常情况下，企业采取的是直线法计算折旧，特殊情况下采取加速折旧法。在确认折旧方法之前，不要简单地将某一年度的折旧额与折旧抵税款进行比较，要将企业全部折旧年限内产生的折旧额与折旧抵税款按照投资收益率进行折算，然后再去比较，在不违反政策法规的情况下尽可能选择可延迟税款支付时间的方式。

2. 折旧方法的筹划

一般认为，在比例税率下，采用加速折旧的方法比较有利，这样企业可以在早期计入更多的折旧额；在累进税率制中，采取平均年限法则比较有利，因为这样可以避免因利润波动而提高适用税率，进而增加税负。

不过对于一些小型微利企业来说，在有税收减免的优惠时，比如之前说过的 2019 年应纳税所得额不超过 100 万、300 万所采取的分级制度，各企业可根据自身的实际情况进行选择：如果不加速折旧已经满足优惠条件，那么就不要再加速了；如果超过优惠条件，但是采用加速折旧的话还能让企业享受到这个优惠政策，那么就采用加速折旧。

在使用加速折旧时，还要考虑 5 年税前弥补亏损的期限。企业应根据自身的实际情况，对以后年度的获利情况有个合理的预估，从而让生产经营利润获得最大的实际收益。

3. 折旧年限的筹划

一般情况下，在较短的折旧期间内收回投资，有利于实现税收筹划的目标。想要实现这个目标有两个途径：一个就是在折旧期间一定的情况下进行加速折旧；还有一个就是在折旧方法一定的情况下选择缩短折旧期限。

考虑到税收的减免政策，如果减免期间折旧的多少对税负没有影响，那么企业就应该减少减免期间的折旧额，这样能使企业在减免期结束后，折旧额能起到最大的抵税作用。

缩短折旧年限有利于加速成本回收，相当于把后期的成本费用提前了，从而使前期的会计利润发生后移。在税率稳定的情况下，所得税延迟纳税相当于从国家那里获得了一笔无息贷款。

4. 税收政策及运行环境的筹划

前面说过折旧主要是对固定资产价值的补偿，不过根据现行税法的规定，折旧主要根据账面的成本。如果在补偿期间，物价出现剧烈波动，将会对企业有效投资产生影响，可能会导致企业税负加重。

企业如果预料到物价会长期上涨，那么尽快采用加速折旧法，这样一方面可以加快收回投资的速度，并将收回的价值补偿用于再投资，从而减少因物价水平上升的投资风险；另一方面还可以利用税收政策，延迟税款的缴纳，增加企业的现金流，让企业在物价上涨的前期就能拥有较多的现金流量，能从容进行投资，等获得收益后再用于后期的税款支付。

企业如果预料到物价将持续下降时，固定资产则应该采用直线法折旧，这样可以保证在货币紧缩时期企业的税收负担能平均。跟加速折旧相比，直线折旧法可以使税收负担在后期较低，税后利益较大，这样可以利用其货币价值较高的购买力进行投资更新。

## 8.5 企业借款的纳税筹划

企业在发展过程中难免会遇到资金困难，这时企业就需要进行融资，通常的融资渠道有：财政资金、金融机构贷款、企业之间的拆借、企业自我积累、企业组织内部集资、公开发行债券融资、发行股票融资、商业信用融资。

虽然无论采取哪种组合方式都能满足企业的资金要求，但是从企业的纳税角度来说，不同融资方法所产生的税收效果却是有差异的，我们可以对融资渠道进行筹划以此来减轻企业的税负，获得税收利益。

一般情况下，各种融资方式的税收负担顺序是：企业自我积累 > 从金融机构贷款 > 企业之间拆借融资 > 企业组织内部集资。从节税的角度来看，企业组织内部集资和企业之间拆借的效果最好（尤其是企业之间存在税率差异时），从金融机构贷款次之，自我积累的效果最差。

《中华人民共和国企业所得税法实施条例》第三十八条规定：

企业在生产经营活动中发生的下列利息支出，准予扣除：

（一）非金融企业向金融企业借款的利息支出、金融企业的各项存款利息支出和同业拆借利息支出、企业经批准发行债券的利息支出；

（二）非金融企业向非金融企业借款的利息支出，不超过按照金融企业同期同类贷款利率计算的数额的部分。

企业通过增加资本金方式进行融资所支付的股息或红利，是不能在税前扣除的，但是债券融资的利息支出却可以作为财务费用在税前扣除。所以，企业应优先选择债券融资方式。

同期同类贷款利率，是指在贷款期限、贷款金额、贷款担保以及企业信誉等条件基本相同下，金融企业提供的贷款利率，既可以是金融企业公布的同期同类平均利率，也可以是金融企业对某些企业提供的实际贷款利率。

《中华人民共和国企业所得税法实施条例》第三十七条规定：

企业在生产经营活动中发生的合理的不需要资本化的借款费用，准予扣除。

企业为购置、建造固定资产、无形资产和经过 12 个月以上的建造才能达到预定可销售状态的存货发生借款的，在有关资产购置、建造期间发生的合理的借款费用，应当作为资本性支出计入有关资产的成本，并依照本条例的规定扣除。

现在我们来看看企业应该对借款怎么进行筹划，才能获得最大的利益。

2019 年底，某企业为了扩大生产，准备从 2020 年 1 月 1 日开始借入 6 000 万元的资金，其中构建固定资产需要使用 3 000 万元，日常的经营活动需要 3 000 万元。

该企业从银行借入 4 000 万元资金，期限为 2 年，年利率是 4.5%，剩余的 2 000 万元准备从其他企业借入，期限也是 2 年，年利率是 10%。

此外，该企业固定资产的构建活动从 2020 年 1 月 1 日开始到 2020 年 12 月 31 日结束。

下面对该企业的借款进行筹划。

因为该企业的借款来自于两个部分，所以提出下面两个方案。

**方案一：**将银行的借款用于构建固定资产，剩下的借款用于企业的日常经营，我们来计算该企业所负担的所得税。

该企业构建固定资产所负担的利息为：3 000×4.5%=135 万元（根据税法的规定该利息是不能进行税前扣除的，只能计入固定资产的成本）。

允许税前扣除的利息为：（4 000–3 000）×4.5%+2 000×4.5%=135 万元（用于企业生产经营的借款允许税前扣除）。

不允许税前扣除的利息为：2 000×（10% 4.5%）=110 万元（根据税法规定超过同期同类贷款利率的利息是不允许扣除的，这个在以后年度也不允许扣除）。

不考虑其他的税收政策，2020 年该企业因为借款而多交的企业所得税为：110×25%=27.5 万元。

下面我们对该企业的借款进行筹划，看如何省下这笔所得税款。

**方案二：**将银行借款中的 3 000 万元用于企业的日常经营，将银行借款中剩下的 1 000 万元和从企业借来的 2 000 万元，用于构建固定资产，这样的话，允许税前扣除的利息金额为：3 000×4.5%=135 万元。

构建固定资产计入成本的利息为：2 000×10%+1 000×4.5%=245 万元。

你看，把借款的用法换一种，就能省去了方案一中的 27.5 万元的企业所得税。但是，如果企业在免税期或者 5 年亏损弥补期的最后一年时，那么可以酌情处理。所以企业在借款时，要根据自身的实际情况，根据税法对借款的不同处理规定，在合法有效的前提下，提前做好筹划，为企业降低筹资成本。

## 8.6 技术转让所得的纳税筹划

《中华人民共和国企业所得税法》第二十七条第（四）项规定：

符合条件的技术转让所得，可以免征、减征企业所得税。

《中华人民共和国企业所得税法实施条例》第九十条解释：

企业所得税法第二十七条第（四）项所称符合条件的技术转让所得免征、减征企业所得税，是指一个纳税年度内，居民企业技术转让所得不超过500万元的部分，免征企业所得税；超过500万元的部分，减半征收企业所得税。

2009年国家税务总局《关于技术转让所得减免企业所得税有关问题的通知》（国税函〔2009〕212号）明示享受减免企业所得税优惠的技术转让应该符合以下条件：

（1）享受优惠的技术转让主体是企业所得税法规定的居民企业；

（2）技术转让属于财政部、国家税务总局规定的范围；

（3）境内技术转让经省级以上科技部门认定；

（4）向境外转让技术经省级以上商务部门认定；

（5）国务院税务主管部门规定的其他条件。

符合条件的技术转让计算方法是：

技术转让所得 = 技术转让收入 − 技术转让成本 − 相关税费

其中，技术转让收入是指当事人履行技术转让合同后获得的价款，不包括销售或转让设备、仪器、零部件、原材料等非技术性收入。不属于与技术转让项目密不可分的技术咨询、技术服务、技术培训等收入，不得计入技术转让收入。

技术转让成本是指转让的无形资产的净值，即该无形资产的计税基础减除在资产使用期间按照规定计算的摊销扣除额后的余额。

相关税费是指技术转让过程中实际发生的有关税费，包括除企业所得税和允许抵扣的增值税以外的各项税金及其附加、合同签订费用、律师费等相关费用及其他支出。

2010 年，财政部、国家税务总局《关于居民企业技术转让有关企业所得税政策问题的通知》（财税〔2010〕111 号）中规定，“符合条件的技术转让”是指：

（1）技术转让的范围，包括居民企业转让专利技术、计算机软件著作权、集成电路布图设计权、植物新品种、生物医药新品种，以及财政部和国家税务总局确定的其他技术。

其中：专利技术，是指法律授予独占权的发明、实用新型和非简单改变产品图案的外观设计。

（2）这里所称的技术转让，是指居民企业转让其拥有符合本通知第一条规定技术的所有权或 5 年以上（含 5 年）全球独占许可使用权的行为。

2013 年，国家税务总局发布了《关于技术转让所得减免企业所得税有关问题的公告》，专门对技术转让收入中的“密不可分”作了明确的说明：

可以计入技术转让收入的技术咨询、技术服务、技术培训收入，是指转让方为使受让方掌握所转让的技术投入使用、实现产业化而提供的必要的技术咨询、技术服务、技术培训所产生的收入，并应同时符合以下条件：

（1）在技术转让合同中约定的与该技术转让相关的技术咨询、技术服务、技术培训；

（2）技术咨询、技术服务、技术培训收入与该技术转让项目收入一并收取价款。

这说明在技术投入使用、实现产业化后所提供的咨询、服务和培训，不可以计入技术转让收入的技术咨询、技术服务、技术培训收入，而升级型的更新维护，则应该是新的技术开发项目，与原来的技术转让并没必要关系，应该另行备案。

2015年，国家税务总局发布了《关于许可使用权技术转让所得企业所得税有关问题的公告》(国家税务总局公告2015年第82号)，里面规定：

从2015年10月1日起，全国范围内的居民企业转让5年（含5年）以上非独占许可使用权取得的技术转让所得，纳入享受企业所得税优惠的技术转让所得范围。

企业转让符合条件的5年以上非独占许可使用权的技术，限于其拥有所有权的技术。技术所有权的权属由国务院行政主管部门确定。其中，专利由国家知识产权局确定权属；国防专利由总装备部确定权属；计算机软件著作权由国家版权局确定权属；集成电路布图设计专有权由国家知识产权局确定权属；植物新品种权由农业部确定权属；生物医药新品种由国家食品药品监督管理总局确定权属。

例：居民企业A公司，于2016年3月以300万价格（不含税）从B企业购买了一项尚未经权威部门认定的专利技术，2019年以1 000万元（不含税）的价格转让给企业C。该企业应该如何筹划交税最少。

如果该企业的这项技术是符合国家规定的专利技术，到相关部门进行认定登记，并持有关文件向主管税务机关备案的话，就能享受到免征技术转让业务的增值税和企业所得税的优惠，可以给企业带来税收减免。

本例中该企业可以节省的增值税为：1 000 ×6%=60万元。

不考虑其他，该企业的技术转让所得为：1 000–300–60=640万元。

认定并备案后该企业应该缴纳的企业所得税为：（640–500）×25%×50%=17.5万元。

除了这些优惠政策外，企业还可以就研发投入申请加计扣除的优惠政策。企业应该合理利用国家对企业技术研发的支持，充分享受国家政策，未来国家对技术创新的支持力度肯定会越来越大，企业应该及时了解国家的相关制度，并根据要求做好相关备案。

## 8.7 企业捐赠的纳税筹划



有些企业为了回馈社会，会对社会进行捐赠，国家为了鼓励企业的捐赠行为，对此设置了相关的优惠政策。企业在捐赠前应充分了解国家的相关政策，做出合适的纳税筹划这样既可以合理纳税，又可以提高企业的知名度。

《中华人民共和国企业所得税法》第九条规定：

企业发生的公益性捐赠支出，在年度利润总额12%以内的部分，准予在计算应纳税所得额时扣除；超过年度利润总额12%的部分，准予结转以后三年内在计算应纳税所得额时扣除。

《中华人民共和国企业所得税法实施条例》第五十一条注明，所谓公益性捐赠，是指企业通过公益性社会团体或者县级以上人民政府及其部门，用于符合法律规定的公益事业的捐赠。

该条例第五十三条中解释公益性社会团体是指同时符合以下条件的基金会、慈善组织等社会团体：

（1）依法登记，具有法人资格；

（2）以发展公益事业为宗旨，且不以营利为目的；

（3）全部资产及其增值为该法人所有；

（4）收益和营运结余主要用于符合该法人设立目的的事业；

（5）终止后的剩余财产不归属任何个人或者营利组织；

（6）不经营与其设立目的无关的业务；

（7）有健全的财务会计制度；

（8）捐赠者不以任何形式参与社会团体财产的分配；

（9）国务院财政、税务主管部门会同国务院民政部门等登记管理部门规定的其他条件。

2020年，财政部、税务总局、民政部发布的《关于公益性捐赠税前扣除有关事项的公告》（财政部公告2020年第27号）中规定：

企业或个人通过公益性社会组织、县级以上人民政府及其部门等国家机关，用于符合法律规定的公益慈善事业捐赠支出，准予按税法规定在计算应纳税所得额时扣除。

这里的公益事业是指非营利的下列事项：

（1）救助灾害、救济贫困、扶助残疾人等困难的社会群体和个人的活动；

（2）教育、科学、文化、卫生、体育事业；

（3）环境保护、社会公共设施建设；

（4）促进社会发展和进步的其他社会公共和福利事业。

这里的慈善活动是指自然人、法人和其他组织以捐赠财产或者提供服务等方式，自愿开展的下列公益活动：

（1）扶贫、济困；

（2）扶老、救孤、恤病、助残、优抚；

（3）救助自然灾害、事故灾难和公共卫生事件等突发事件造成的损害；

（4）促进教育、科学、文化、卫生、体育等事业的发展；

（5）防治污染和其他公害，保护和改善生态环境；

（6）符合本法规定的其他公益活动。

需要注意的是，这里的公益性社会组织，是指依法取得公益性捐赠税前扣除资格的慈善组织、其他社会组织和群众团体。捐赠时，超过企业当年利润总额的 12% 部分，可以结转的年限是自捐赠发生年度次年起计算，不过最长不得超过 3 年，在对公益捐赠支出计算扣除时，要先扣除以前年度结转的部分，再扣除当年发生的捐赠支出。

2021 年，财政部、税务总局公布了《关于确认中国红十字会总会等群众团体 2021 年度—2023 年度公益性捐赠税前扣除资格的公告》（财政部 税务总局公告 2021 年第 26 号），公告 2021 年度—2023 年度符合公益性捐赠税前扣除资格的群众团体名单有：

（1）中国红十字会总会；

（2）中华全国总工会；

（3）中国宋庆龄基金会；

（4）中国国际人才交流基金会。

目前，我国企业选择公益性捐赠的具体方式主要有六种：纯现金捐赠、现金捐赠 + 个人捐赠、现金捐赠 + 实物捐赠、纯实物捐赠、企业实物捐赠 + 个人捐赠、公益基金捐赠。从纳税成本来看，这六种模式中实物捐赠的纳税成本最高，现金捐赠的纳税成本最低，其他模式居中。

企业如果发生亏损，公益性捐赠支出是不能当年税前扣除的，也不允许结转到以后年度进行扣除，所以公益捐赠仅对盈利企业有利。

企业在进行捐赠时，应该选取正确的捐赠途径。如果按照《公益事业捐赠法》规定的公益事业进行捐赠则可以有所得税前扣除的优惠，如果是私下捐赠则不能进行税前扣除，并且进行捐赠的企业要主动保存相关证明材料，为公益性捐赠支出税前扣除提供证明。

某小型微利服装公司，打算 2021 年通过公益性社会团体向某学校捐赠 40 万元的现金。假设该企业 2021 年的会计利润是 340 万元，该企业为一般纳税人企业，企业所得税率为 25%。

下面对该企业进行纳税筹划（在现有小微税收优惠下，不考虑其他税收优惠）。

因为该企业 2021 年的会计利润是 340 万元，所以当年该企业可以允许税前扣除的公益性捐赠限额为：340×12%=40.8 万元。该企业准备捐出 40 万元，没有超出限额，可以全额抵扣。

若无捐赠 2021 年需要缴纳的企业所得税为：340×25%=85 万元。

捐赠 40 万元现金后，因为公益捐赠允许税前扣除，所以 2021 年该企业应纳税所得额为 340–40=300 万元，满足小型微利企业所得税优惠政策，所以其当年应纳所得税额为：100×12.5%×20%=2.5 万元；200×50%×20%=20 万元；所以 2021 年该企业应缴纳企业所得税为 2.5+20=22.5 万元。

即便加上捐赠的 40 万元，一共也只有 62.5 万元，这比没有捐赠之前的 85 万元还少了 20 多万元。通过对捐赠的筹划，企业既做了公益，还节省了税款。

# 第 9 章　消费税的纳税筹划

## 9.1　规避消费税的纳税筹划

消费税是一种古老的税种，是以消费品的流转额作为征税对象的各种税收的统称。消费税是以特定消费品为课税对象所征收的一种间接税，属于典型的流转税，它只存在于应税消费品的生产、委托加工和进口环节。

消费税的纳税人是在中华人民共和国境内生产、委托加工和进口《中华人民共和国消费税暂行条例》规定的应税消费品的单位和个人，以及国务院确定的销售《中华人民共和国消费税暂行条例》规定的消费品的其他单位和个人。

为了调节产品结构，引导消费方向，保证国家的财政收入，现行的消费税是在对货物普遍征收增值税的基础上，再对少数消费品征收的一个税种。

消费税的主要征收范围有：烟，酒，鞭炮，焰火，高档化妆品，成品油，贵重首饰及珠宝玉石，高尔夫球及球具，高档手表，游艇，木制一次性筷子，实木地板，摩托车，小汽车，电池，涂料等税目，其各自对应的税率如下表。

消费税税目税率表

| 税　　目 | 税　　率 |
|---|---|
| 一、烟 | |
| 1. 卷烟 | |
| （1）甲类卷烟 | 56% 加 0.003 元 / 支（生产环节） |
| （2）乙类卷烟 | 36% 加 0.003 元 / 支（生产环节） |
| （3）批发环节 | 11% 加 0.005 元 / 支 |
| 2. 雪茄烟 | 36% |
| 3. 烟丝 | 30% |
| 二、酒 | |
| 1. 白酒 | 20% 加 0.5 元 /500 克（或 500 毫升） |
| 2. 黄酒 | 240 元 / 吨 |
| 3. 啤酒 | |
| 甲类啤酒 | 250 元 / 吨 |
| 乙类啤酒 | 220 元 / 吨 |
| 4. 其他酒 | 10% |
| 三、高档化妆品 | 15% |
| 四、贵重首饰及珠宝玉石 | |
| 1. 金银首饰、铂金首饰和钻石及钻石饰品 | 5%（零售环节纳税） |
| 2. 其他贵重首饰和珠宝玉石 | 10%(生产、进口、委托加工提货环节纳税) |
| 五、鞭炮、焰火 | 15% |
| 六、成品油 | |
| 1. 汽油 | 1.52 元 / 升 |
| 2. 柴油 | 1.20 元 / 升 |
| 3. 航空煤油 | 1.20 元 / 升 |
| 4. 石脑油 | 1.52 元 / 升 |
| 5. 溶剂油 | 1.52 元 / 升 |
| 6. 润滑油 | 1.52 元 / 升 |
| 7. 燃料油 | 1.20 元 / 升 |
| 七、摩托车 | |
| 1. 气缸容量在 250 毫升（含 250 毫升）的 | 3% |
| 2. 气缸容量在 250 毫升以上的 | 10% |
| 八、小汽车 | |
| 1. 乘用车 | |
| 气缸容量在 1.0 升（含）以下 | 1% |
| 气缸容量在 1.0 以上至 1.5 升（含） | 3% |

续表

| 税　　目 | 税　　率 |
|---|---|
| 气缸容量在 1.5 以上至 2.0 升（含） | 5% |
| 气缸容量在 2.0 以上至 2.5 升（含） | 9% |
| 气缸容量在 2.5 以上至 3.0 升（含） | 12% |
| 气缸容量在 3.0 以上至 4.0 升（含） | 25% |
| 气缸容量在 4.0 升以上 | 40% |
| 2. 中轻型商用客车（含驾驶员座位在内的座位数 ≤ 23 座） | 5% |
| 3. 超豪华小汽车［每辆零售价格 130 万元（不含增值税）及以上的乘用车和中轻型商用客车］ | 10% |
| 九、高尔夫球及球具 | 10% |
| 十、高档手表 | 20% |
| 十一、游艇 | 10% |
| 十二、木制一次性筷子 | 5% |
| 十三、实木地板 | 5% |
| 十四、涂料 | 4% |
| 十五、电池 | 4% |

通过消费税的税目税率表可以看出，如果企业想要从源头上规避消费税，那么在投资时就尽量避免这些消费品，去选择那些符合需要又不会产生消费税的产品进行投资。

《中华人民共和国消费税暂行条例》第三条规定：

纳税人兼营不同税率的应当缴纳消费税的消费品（以下简称应税消费品），应当分别核算不同税率应税消费品的销售额、销售数量；未分别核算销售额、销售数量，或者将不同税率的应税消费品组成成套消费品销售的，从高适用税率。

《中华人民共和国消费税暂行条例》第四条规定：

纳税人生产的应税消费品，于纳税人销售时纳税。纳税人自产自用的应税消费品，用于连续生产应税消费品的，不纳税；用于其他方面的，于移送使用时纳税。

委托加工的应税消费品，除受托方为个人外，由受托方在向委托方交货时代收代缴税款。委托加工的应税消费品，委托方用于连续生产应税消费品的，所纳税款准予按规定抵扣。

进口的应税消费品，于报关进口时纳税。

此外，消费税实行从价定率、从量定额，或者从价定率和从量定额复合计税（以下简称复合计税）的办法计算应纳税额。

应纳税额的计算公式是：

实行从价定率办法计算的应纳税额＝销售额 × 比例税率

实行从量定额办法计算的应纳税额＝销售数量 × 定额税率

实行复合计税办法计算的应纳税额＝销售额 × 比例税率＋销售数量 × 定额税率

其销售额为纳税人销售应税消费品向购买方收取的全部价款和价外费用。

这里需要注意，因为增值税是价外税，而消费税是价内税，所以增值税款不能直接作为消费税的计税依据。

《中华人民共和国消费税暂行条例实施细则》第十二条规定：

销售额不包括应向购货方收取的增值税税款。如果纳税人应税消费品的销售额中未扣除增值税税款或者因不得开具增值税专用发票而发生价款和增值税税款合并收取的，在计算消费税时，应当换算为不含增值税税款的销售额。其换算公式为：

应税消费品的销售额＝含增值税的销售额 ÷（1＋增值税税率或征收率）

在实际计算消费税时要记得除去增值税税款，以免增加纳税人的税收负担。

## 9.2 兼营行为的纳税筹划

《中华人民共和国消费税暂行条例》第三条规定：

纳税人兼营不同税率的应当缴纳消费税的消费品（以下简称应税消费品），应当分别核算不同税率应税消费品的销售额、销售数量；未分别核算销售额、销售数量，或者将不同税率的应税消费品组成成套消费品销售的，从高适用税率。

对于兼营不同税率的企业，要分别核算不同税率消费品的销售额、销售数量，如果没有分别核算的话，在缴纳消费税时就会选取最高的税率，这无形中增加了企业的税负。所以，纳税人在进行纳税申报时，需要注意消费品的组合问题，如果没有必要就尽量不要把不同档次的消费品组成套装销售，以此来降低税负。

某公司在生产经营化妆品时，还生产经营着护肤护发品。假设2019年该公司化妆品的不含税销售额为1 000万元，其中高档化妆品为400万元，2019年该公司的护肤护发品不含税销售额是500万元。为了提高销售，有人提出直接将高档化妆品和护肤护发品不同档次的消费品组成成套，进行销售，并且不单独核算销售额和销售数量。

下面对其进行纳税筹划。

根据国家的消费税政策，只对高档化妆品征收消费税，税率是15%，征收范围包括高档美容、修饰类化妆品、高档护肤类化妆品和成套化妆品，对于普通的美容、修饰类化妆品是不征收消费税的。

该公司需要缴纳消费税的只有400万元的高档化妆品，其他产品不需要缴纳消费税，所以该公司2019年需要缴纳的消费税为400×15%=60万元。

不过，现在有人提议要将高档化妆品和护肤护发品组成成套，根据消费税的暂行条例，当组成成套销售时，没有单独核算的消费品将采取最高的税率进行征税。如果采取这种方式的话，需要缴纳的消费税为（400+500）×15%=135万元，这种促销方案将让企业多缴纳135–60=75万元的消费税，所以这种方案是不可取的。

不过，该企业也可以采用分别核算的方式，将不同税率的应税消费品分别核算出来，单独进行计算。

由于现行消费税采取的是单环节征税，除了金银首饰是在零售环节征税外，其他的都是在生产、委托加工或者进口环节征税。所以，如果在出厂之后再将不同税率的产品组成套装，就不用再按照较高税率缴纳消费税了。

上例中的企业可以把这种组合挪到销售中，在销售环节根据消费者的需要，看其是否需要礼盒。这样既降低了消费税的负担，也增加了消费者的选择空间。

不过对于一些不适合在零售环节组成成套的消费品，企业还是可以通过单独核算的销售公司进行组合销售的。像卷烟厂，可以选择在产品出厂后，再次批发销售之前，将卷烟与其他产品组成礼盒进行销售，这样就避免了礼盒中非消费税应税产品也需要缴纳消费税的处境。

## 9.3 生产制作环节的纳税筹划

《中华人民共和国消费税暂行条例》第四条第一款规定：

纳税人生产的应税消费品，于纳税人销售时纳税。纳税人自产自用的应税消费品，用于连续生产应税消费品的，不纳税；用于其他方面的，于移送使用时纳税。

这里“纳税人自产自用的应税消费品，用于连续生产应税消费品的”，是指作为生产最终应税消费品的直接材料、并构成最终产品实体的应税消费品。

这里“用于其他方面的”，是指纳税人用于生产非应税消费品和在建工程，管理部门，非生产机构，提供劳务，以及用于馈赠、赞助、集资、广告、样品、职工福利、奖励等方面的应税消费品。

纳税人可以利用“用于连续生产应税消费品的，不纳税”，这个规定进行纳税筹划。比如当两个或者两个以上的纳税人，分别生产某种最终应税消费品中不同环节的产品时，如果他们组合成一个公司，那么就成了一个整体，这样以前各个环节都需要缴纳消费税，现在因为成了“连续生产应税消费品”，只需要缴纳一次消费税就行了，这减少了企业消费税的负担，还能增加企业产品的竞争优势。

此外，企业使用外购或委托加工的已税消费品连续生产应税消费品的，一般情况下准予扣除当期生产实际领用部分的已纳消费税。根据消费税的政策，准予扣除的范围如下：

（1）以外购或者委托加工收回的已税烟丝为原料生产的卷烟；

（2）以外购或者委托加工收回的已税化妆品为原料生产的化妆品；

（3）以外购或者委托加工收回的已税珠宝玉石为原料生产的贵重首饰及珠宝玉石；

（4）以外购或者委托加工收回的已税鞭炮、焰火为原料生产的鞭炮、焰火；

（5）以外购或者委托加工收回的已税汽油、柴油为原料生产的汽油、柴油；

（6）以外购或者委托加工收回的已税润滑油为原料生产的应税成品油；

（7）以外购或者委托加工收回的已税杆头、杆身和所握把为原料生产的高尔夫球杆；

（8）以外购或者委托加工收回的已税木制一次性筷子为原料生产的木制一次性筷子；

（9）以外购或者委托加工收回的已税实木地板为原料生产的实木地板；

（10）以外购或者委托加工收回的已税石脑油为原料生产的应税消费品；

（11）以外购或者委托加工收回的已税摩托车生产的摩托车。

有的企业既自产应税消费品，也购进同样的应税消费品进行销售，对于外购的应税消费品是要缴纳消费税的，不过在上述范围内的已税外购消费品，其已经缴纳的消费税是可以抵扣的。扣除消费税的计算公式为：

当前准予扣除的税款 = 当期准予扣除的应税消费品的买价或者数量 × 外购或者委托加工应税消费品的适用税率或者税额

当期准予扣除的应税消费品的买价或者数量 = 期初库存的应税消费品的买价或数量 + 当期购进或收回的应税消费品的买价或数量—期末库

存的应税消费品的买价或数量

不过这里需要注意，对于纳税人用外购的或委托加工生产的已税珠宝玉石生产的，改在零售环节征收消费税的金银首饰（镶嵌首饰）、钻石首饰，在计税时，一律不得扣除外购或委托加工收回的珠宝玉石已纳税款。

## 9.4 加工方式的纳税筹划

《中华人民共和国消费税暂行条例》第四条第二款规定：

委托加工的应税消费品，除受托方为个人外，由受托方在向委托方交货时代收代缴税款。委托加工的应税消费品，委托方用于连续生产应税消费品的，所纳税款准予按规定抵扣。

这里所称委托加工的应税消费品，是指由委托方提供原料和主要材料，受托方只收取加工费和代垫部分辅助材料加工的应税消费品。对于那些由受托方提供原材料生产的应税消费品，或者受托方先将原材料卖给委托方，然后再接受加工的应税消费品，以及由受托方以委托方名义购进原材料生产的应税消费品，不论在财务上是否作销售处理，都不得作为委托加工应税消费品，而应当按照销售自制应税消费品缴纳消费税。

如果委托加工的应税消费品直接出售，那么就不再缴纳消费税；如果是委托个人加工的应税消费品，则由委托方收回后缴纳消费税。

委托方将收回的应税消费品，以不高于受托方的计税价格出售的，为直接出售，不再缴纳消费税；委托方以高于受托方的计税价格出售的，不属于直接出售，需按照规定申报缴纳消费税，在计税时准予扣除受托方已代收代缴的消费税。

《中华人民共和国消费税暂行条例》第八条规定：

委托加工的应税消费品，按照受托方的同类消费品的销售价格计算纳税；没有同类消费品销售价格的，按照组成计税价格计算纳税。

实行从价定率办法计算纳税的组成计税价格计算公式：

组成计税价格 =（材料成本 + 加工费）÷（1 —比例税率）

实行复合计税办法计算纳税的组成计税价格计算公式：

组成计税价格 =（材料成本 + 加工费 + 委托加工数量 × 定额税率）÷（1 —比例税率）

根据以上的政策，纳税人可采用与受托方联营的方式，改变受托与委托的关系，从而达到节省消费税的目的。

因为工业企业自制应税消费品的计税依据是销售收入，让其他企业或个人加工时的计税依据是加工费。所以，在其他条件都相同的情况下，自行加工方式的税负最重；采取完全委托的加工方式的税负最轻。

企业通过选择不同的加工方式，可以进行纳税筹划。

某卷烟厂甲因为接到的订单太多，自己生产不过来，于是准备委托卷烟厂乙将一批价值为 200 万元的烟叶加工成烟丝，并付给卷烟厂乙 100 万元的加工费（不含增值税）。然后卷烟厂甲继续将卷烟厂乙加工好的烟丝再加工成乙类卷烟，预计加工成本等各项费用合计为 120 万元，最后卷烟厂甲将该批卷烟包装成 16 000 大箱，并以 1 120 万元的不含税价销售。

这里烟丝的消费税税率是 30%，乙类卷烟的消费税税率是 36% + 150 元 / 大箱。

下面提出纳税筹划方案（计算结果取小数点后一位）。

**方案一：**

1. 甲厂向乙厂支付加工费的同时向乙厂支付其代收代缴的消费税，则

消费税组成计税价格 =（200+100）÷（1–30%）=428.6 万元；

应纳消费税 =428.6×30%=128.6 万元。

2. 甲厂在销售该批卷烟时，应缴消费税：

1 120×36%+150×16 000÷10 000–128.6=514.6 万元。

3. 这批卷烟甲厂共计需要缴纳的消费税 =128.6+514.6=643.2 万元。

**方案二：**

如果甲厂直接委托乙厂将烟叶加工成乙类卷烟，烟叶的成本不变，

加工费用变为 260 万元（不含增值税），加工完运回甲厂后，甲厂直接对外销售，销售收入仍然是 1 120 万元（不含增值税）。

甲厂向乙厂支付加工费时，向乙厂支付的代收代缴消费税为：

（200+260）÷（1–36%）×36%+150×16 000÷10 000=498.8 万元

从上面两个方案看出，如果两个企业的加工技术和能力相同，在加工材料的成本相同、最终售价一样的情况下，直接委托对方彻底加工对两个工厂都好。相对来说，甲厂所支付的加工费用和需要缴纳消费税都减少，而乙厂因为连续加工不需要缴纳消费税，还减少了运输成本及其他的成本。

**方案三：**

如果甲厂想要自行加工，其他条件不变，加工成本及其他分摊费用合计为 220 万元，则其应纳消费税为：

1 120×36%+150×16 000÷10 000−643.2 万元。

这与方案一的消费税负担是一样的，如果甲厂自行加工的加工成本和各项费用高于 220 万元，还是承包给乙厂更加有利；如果加工费用比 220 万元低，那么自行加工会更加有利，不过跟方案二相比，两者的消费税负担还是较大。

不过实际纳税筹划时，需要考虑的因素还很多，税负只是其中的一个方面，需要结合实际情况具体分析。

## 9.5　临界点的纳税筹划

从 2009 年 5 月 1 日开始，我国对卷烟制定了新的标准，规定每标准条（200 支）调拨价格在 70 元（不含增值税）以上（含 70 元）的卷烟为甲类卷烟，低于此价格的为乙类卷烟。对于甲类香烟的消费税从价税率调整到了 56%，乙类香烟的从价税率调整到了 36%。

税率的变化给卷烟企业的消费税提供了纳税筹划的空间，使得企业可以利用这一临界点实现整体收益的最大化。

某卷烟厂每标准条对外调拨价是69元（不包含增值税），现在销售一标准箱（每箱250标准条），如果不考虑城建税和教育费附加，则该卷烟厂每箱需要缴纳的消费税为：

150（每箱香烟的定额税）+69×250×36%=6 360元。

由于这种香烟在市场上很受欢迎，于是有人提议将每标准条香烟的价格提高到75元，但是该卷烟厂的会计表示反对。他指出虽然价格提升之后，看起来每箱销售收入确实增加了：（75–69）×250=1 500元，但是因为价格提升之后，超过了临界值70元，此时企业的消费税率也大幅提升变成了56%，提价后应缴纳的消费税为：

150+75×250×56%=10 650元，如果其他费用不变，企业的税前利润不仅没有增加还降低了10 650–6 360=4 290元。此外因为提价，销量也可能会相应地降低，到时企业的实际利润会降得更多，不利于企业的发展。

从上面的例子可以看出，在价格和税率同时变化时，在临界点附近的税负变化较大，有时价格提升反而会增加企业的纳税负担。不过这种情况只适合价格与税率都同时变化，如果只有一个变化就不用考虑临界点了。

存在消费税临界点的还有其他商品，比如啤酒。甲类啤酒每吨出厂价（含包装物及包装物押金）在3 000元（含3 000元，不含增值税）以上，消费税税率250元/吨；乙类啤酒每吨出厂价（含包装物及包装物押金）在3 000元以下，消费税税率220元/吨。

某啤酒厂，2018年啤酒每吨出厂价是2 990元（不包含增值税），2019年，该厂对啤酒的生产工艺进行了改进，使得啤酒的品质得到了提升，于是该厂准备将该啤酒的价格提升到3 010元，不考虑其他成本，请提出该厂的纳税筹划方案。

根据本章第一节中的消费税税目税率表，没有提价时该啤酒厂的每吨啤酒需要缴纳的消费税是220元，则每吨啤酒扣除消费税后的利润是2 990–220=2 770元。

如果将价格提升到3 010元后，这时每吨啤酒需要缴纳的消费税为3 010–250=2 760元，提价后利润反而降低了。

最后该啤酒厂经过纳税筹划后，决定还是不提高啤酒的价格，这样既能获得较大的利润，还能增加产品在市场上的竞争力。

如果该企业一定要提高这个啤酒的价格，那么只有提升到2 990−220+250=3 020元之上，才能保证扣除消费税后利润没有降低。

当然，实际经济活动中可能不会遇到这样极端的情况，这只是让大家认识到临界点的存在，在纳税筹划时能考虑到这一点。

## 9.6 出口应税消费品的纳税筹划

### 9.6.1 退关或退货

国家为了鼓励纳税人尽量出口，对出口的应税消费品采取了优惠措施，只要纳税人出口的消费品不是国家禁止或限制出口的货物，在出口环节都可享受退(免)税的待遇，所以纳税人可以积极开拓国际市场，以获得更多的优惠。

《中华人民共和国消费税暂行条例》第十一条规定：

对纳税人出口应税消费品，免征消费税；国务院另有规定的除外。出口应税消费品的免税办法，由国务院财政、税务主管部门规定。

这里的“国务院另有规定的”，是指国家限制出口的应税消费品。对于出口的应税消费品办理退税后，又发生退关，或者国外退货时予以免税的，报关出口者必须及时向所在地主管税务机关申报补缴已退的消费税税款。

纳税人直接出口的应税消费品办理免税后，发生退关或国外退货时，已予以免税的，经所在地主管税务机关批准，可暂不办理补税，待其转为国内销售时，再向其主管税务机关申报补缴消费税。

所以，出口的应税消费品如果发生了货物退关或者退货，可以恰当选择去办理补税的时间，当然一定要符合规定。这段时间，纳税人一方面可以无偿利用这笔退款去做投资，另一方面纳税人还能获得利息收入。相当于纳税人在这段时间多了一笔没有利息的流动资金，可以善加利用。

### 9.6.2 外汇结算

纳税人如果选择以外汇来结算应税消费品时，还应当按照外汇市场牌价折合成人民币进行核算。

《中华人民共和国消费税暂行条例》第五条第二款规定：

纳税人销售的应税消费品，以人民币计算销售额。纳税人以人民币以外的货币结算销售额的，应当折合成人民币计算。

人民币折合率既可以选择结算的当天的国家外汇牌价，也可以选择当月 1 日的国家外汇牌价（原则上为中间价），不过纳税人一经确定折合率后一年内是不得变更的。

通常情况下，外汇市场的波动越大，选择折合率进行纳税筹划的必要性就越大。当然，从节税的角度来说，人民币汇率较低时，计算的应纳税额也较低，缴纳的税款也较低。

某出口公司 11 月 20 日获得 50 万美元的销售额，11 月 1 日的国家外汇牌价是 1 美元:6.6 人民币，11 月 20 日当天的外汇牌价是 1 美元：6.8 人民币。

**方案一：**

采取当月 1 日的汇率，那么换算成人民币就是 50×6.6=330 万元，则计税依据为 330 万元。

**方案二：**

采用当天的汇率，那么换算成人民币就是 50×6.8=340 万元，计税依据则为 340 万元。

比较这两种方案，可以看到方案一比方案二计税依据少了 10 万元。

不过因为汇率的折算方式确定后，一年内不能改变，所以需要纳税人对未来的经济形势及汇率走势做出恰当的判断。

# 第 10 章　个人所得税的纳税筹划

## 10.1　纳税人身份选择的纳税筹划

《中华人民共和国个人所得税法》第一条规定：

在中国境内有住所，或者无住所而一个纳税年度内在中国境内居住累计满一百八十三天的个人，为居民个人。居民个人从中国境内和境外取得的所得，依照本法规定缴纳个人所得税。

在中国境内无住所又不居住，或者无住所而一个纳税年度内在中国境内居住累计不满一百八十三天的个人，为非居民个人。非居民个人从中国境内取得的所得，依照本法规定缴纳个人所得税。

纳税年度，自公历一月一日起至十二月三十一日止。

《中华人民共和国个人所得税法实施条例》在第二条中注明：

个人所得税法所称在中国境内有住所，是指因户籍、家庭、经济利益关系而在中国境内习惯性居住；所称从中国境内和境外取得的所得，分别是指来源于中国境内的所得和来源于中国境外的所得。

《中华人民共和国个人所得税法实施条例》在第三、四、五条中又对“来源于中国境内的所得”及“在中国境内无住所的个人”作了说明：

第三条 除国务院财政、税务主管部门另有规定外，下列所得，不论支付地点是否在中国境内，均为来源于中国境内的所得：

（一）因任职、受雇、履约等在中国境内提供劳务取得的所得；

（二）将财产出租给承租人在中国境内使用而取得的所得；

（三）许可各种特许权在中国境内使用而取得的所得；

（四）转让中国境内的不动产等财产或者在中国境内转让其他财产取得的所得；

（五）从中国境内企业、事业单位、其他组织以及居民个人取得的利息、股息、红利所得。

第四条 在中国境内无住所的个人，在中国境内居住累计满183天的年度连续不满六年的，经向主管税务机关备案，其来源于中国境外且由境外单位或者个人支付的所得，免予缴纳个人所得税；在中国境内居住累计满183天的任一年度中有一次离境超过30天的，其在中国境内居住累计满183天的年度的连续年限重新起算。

第五条 在中国境内无住所的个人，在一个纳税年度内在中国境内居住累计不超过90天的，其来源于中国境内的所得，由境外雇主支付并且不由该雇主在中国境内的机构、场所负担的部分，免予缴纳个人所得税。

从个人所得税法和实施条例相关条款可以看出，对于居民纳税义务人，其来源于中国境内和境外的全部所得都需缴纳个人所得税；对于非居民纳税义务人，仅就其来源于中国境内所得缴纳个人所得税，这为利用身份进行纳税筹划提供了一定的空间。

居住在中国境内的外国人、海外侨胞和香港、澳门、台湾同胞及因移居境外而注销中国国籍的人士，可以利用居民和非居民的身份，恰当安排离境的时间，使自己成为非居民纳税人，从而减轻税负。

琼斯是英国居民，因工作原因需要到中国居住一年的时间，计划从

2019年7月1日来到中国，并于2020年6月30日回国。

下面对琼斯先生个人所得税进行纳税筹划。

根据个人所得税税法，如果琼斯不进行筹划的话，那么2019年在中国居住的天数大于183天，将按居民征收其个人所得税，琼斯在中国境内境外所得都将征收个人所得税。2020年琼斯因为在中国没有住满183天但超过90天，所以为非居民纳税人，仅对其在中国境内所得征收个人所得税。

如果琼斯选择2019年7月3日来到中国，在2020年6月30日回去，这样在两个纳税年度都没有满183天，所以都可以按非居民纳税人缴纳个人所得税。

下面附上非居民纳税人取得中国境内所得是否征收个人所得税的一览表，非居住纳税人可以根据此表进行合理安排。

| 中国境内居住时间 | 雇员职位 | 境内所得境内支出或负担 | 境内所得境外支付或负担 | 境外所得境内支付或负担 | 境外所得境外支付或负担 |
|---|---|---|---|---|---|
| 不超过90日或183日 | 一般雇员 | 征 | 不征 | 不征 | 不征 |
| | 高层管理人员 | 征 | 不征 | 征 | 不征 |
| 超过90日或183日 | 一般雇员 | 征 | 征 | 不征 | 不征 |
| | 高层管理人员 | 征 | 征 | 征 | 不征 |
| 满1年但不满5年 | 所有人 | 征 | 征 | 征 | 不征 |
| 超过5年 | 所有人 | 征 | 征 | 征 | 征 |
| 高层管理人员是指：公司正、副（总）经理，各职能总师，总监及其他类型管理人员 | | | | | |

## 10.2 通过个人独资与合伙企业的互换降低税负

2018年8月31日，修改后的《中华人民共和国个人所得税法》通过，修改后的个人所得所税法第二条规定应缴纳个人所得税的项目有：

（一）工资、薪金所得；

（二）劳务报酬所得；

（三）稿酬所得；

（四）特许权使用费所得；

（五）经营所得；

（六）利息、股息、红利所得；

（七）财产租赁所得；

（八）财产转让所得；

（九）偶然所得。

修改后的个人所得税出将居民个人取得的第（一）项至第（二）项所得，统称为综合所得，按纳税年度合并计算个人所得税；将纳税人取得的第（五）项至第（九）项所得，分别计算个人所得税。

修改后的个人所得税法对不同性质的居民所得，设置了不同的税率，这给纳税筹划提供了一定的空间。修改后的个人所得税法第三条规定个人所得税的税率如下：

（一）综合所得，适用百分之三至百分之四十五的超额累进税率；

（二）经营所得，适用百分之五至百分之三十五的超额累进税率；

（三）利息、股息、红利所得，财产租赁所得，财产转让所得和偶然所得，适用比例税率，税率为百分之二十。

第六条规定了居民各项应纳税额的计算方法：

（一）居民个人的综合所得，以每一纳税年度的收入额减除费用六万元以及专项扣除、专项附加扣除和依法确定的其他扣除后的余额，为应纳税所得额。

（二）经营所得，以每一纳税年度的收入总额减除成本、费用以及损失后的余额，为应纳税所得额。

修改后的个人所得税法规定专项扣除，包括居民个人按照国家规定的范围和标准缴纳的基本养老保险、基本医疗保险、失业保险等社会保险费和住房公积金等；专项附加扣除，包括子女教育、继续教育、大病医疗、住房贷款利息或者住房租金、赡养老人等支出。

2019 年，王先生个人创办了一家个人独资企业（非个体户或一人有限责任公司），其妻子以员工的身份每月领取 5 000 元的工资，假设

2019年度该企业总收入为40万元，各项成本、费用、损失加起来10万元（不包括其妻子的工资），不考虑其他支出。

可以做以下纳税筹划。

根据税法，王先生的个人独资企业不用缴纳企业所得税，只需缴纳个人所得税。根据新个人所得税法，其妻子每个月的工资为5 000元，不需要缴纳个人所得税，那么该企业2019年的利润是400 000–100 000–60 000=240 000元。

根据《中华人民共和国个人所得税法实施条例》，王先生在缴纳个人所得税时，如果没有综合所得的，在计算应纳税所得额时应当减除费用6万元，不考虑其他的扣除，则其应纳个人所得税额为18万元，其应纳个人所得税为：

（180 000–90 000）×20%+（90 000–30 000）×10%+30 000×5%=18 000+6 000+1 500=25 500元。

所以2019年王先生一家缴纳的个人所得税为25 500元。

如果2019年王先生通过一定手续将其个人独资企业转变为夫妻二人各占50%份额的合伙企业（个人独资企业转变为合伙企业的手续，各地有所差异，需要咨询当地管理部门），那么该合伙企业的利润为：400 000–100 000=300 000元。

因为王先生夫妻二人各占50%的份额，所以每人可以分得利润为15万元，根据《中华人民共和国个人所得税法实施条例》，如果没有综合所得的，在计算应纳税所得额时应当减除费用6万元，不考虑其他的扣除，每人的应纳税所得额为9万元，根据经营所得的适用的个人所得税税率表，每人应缴纳的个人所得税为：

（90 000–30 000）×10%+30 000×5%=7 500元，所以2019年2人共需缴纳15 000元的个人所得税。

通过筹划王先生一家可以节省25 500–15 000=10 500元的个人所得税。

## 10.3 年终奖金发放的纳税筹划

### 10.3.1 年终奖金

2018 年 12 月，为了贯彻落实修改后的《中华人民共和国个人所得税法》，财政部、税务总局发布了《关于个人所得税法修改后有关优惠政策衔接问题的通知》（财税〔2018〕164 号），通知中规定：

居民个人取得全年一次性奖金，符合《国家税务总局关于调整个人取得全年一次性奖金等计算征收个人所得税方法问题的通知》（国税发〔2005〕9 号）规定的，在 2021 年 12 月 31 日前，不并入当年综合所得，以全年一次性奖金收入除以 12 个月得到的数额，按照本通知所附按月换算后的综合所得税率表（以下简称月度税率表），确定适用税率和速算扣除数，单独计算纳税。计算公式为：

应纳税额＝全年一次性奖金收入 × 适用税率－速算扣除数

居民个人取得全年一次性奖金，也可以选择并入当年综合所得计算纳税。

自 2022 年 1 月 1 日起，居民个人取得全年一次性奖金，应并入当年综合所得计算缴纳个人所得税。

该通知还规定居民个人取得股票期权、股票增值权、限制性股票、股权奖励等股权激励符合相关规定的，在 2021 年 12 月 31 日前，不并入当年综合所得，全额单独适用综合所得税率表，计算纳税。

计算公式为：

应纳税额＝股权激励收入 × 适用税率－速算扣除数

如果居民个人在一个纳税年度内取得两次以上（含两次）股权激励的，合并按照上面的公式计算应纳税额。

对于单位按低于购置或建造成本价格出售住房给职工，职工因此而少支出的差价部分，只要符合《财政部、国家税务总局关于单位低价向职工售房有关个人所得税问题的通知》（财税〔2007〕13 号）第二条规定的，不并入当年综合所得，以差价收入除以12个月得到的数额，按照月度税率表确定适用税率和速算扣除数，单独计算纳税。

计算公式为：

应纳税额＝职工实际支付的购房价款低于该房屋的购置或建造成本价格的差额 × 适用税率—速算扣除数

2005年《国家税务总局关于调整个人取得全年一次性奖金等计算征收个人所得税方法问题的通知》（国税发〔2005〕9号）中规定：

全年一次性奖金是指行政机关、企事业单位等扣缴义务人根据其全年经济效益和对雇员全年工作业绩的综合考核情况，向雇员发放的一次性奖金。

上述一次性奖金也包括年终加薪、实行年薪制和绩效工资办法的单位根据考核情况兑现的年薪和绩效工资。

该通知还规定，在一个纳税年度内，对每一个纳税人，一次性奖金的应纳税额计算方法只能使用一次，雇员取得的除全年一次性奖金以外的其他各种名目的奖金，如半年奖、季度奖、加班奖、先进奖、考勤奖等，一律与当月工资、薪金收入合并，按税法规定缴纳个人所得税。

2019年，实行年薪制的公司职员小王年薪为36万元，根据修改的新个人所得税法小王每个月可扣除的基本养老保险、基本医疗保险、失业保险和住房公积金共计为3 000元，下面对其个人所得税进行筹划。假设小王每个月的专项扣除额合计为5 000元。

**方案一：**

小王按每个月平均领取工资，根据个人所得税法其应纳税所得额为：

360 000 ÷ 12–3 000–5 000–5 000=17 000元；

则小王每个月应缴纳个人所得税为：17 000×20%–1 410=1 990元；

2019年全年小王应纳个人所得税为：1 990×12=23 880元。

**方案二：**

小王每个月先发放3%税率的薪金，剩余的部分等年末按照全年一次性奖金发放，这样小王每个月的薪金是3 000+5 000+5 000+3 000=

16 000 元，小王每个月需要缴纳的个人所得税为：3 000×3%=90 元；

年终一次性奖励部分为：360 000–16 000×12=168 000 元，168 000÷12=14 000 元（适用税率为 20%），这部分需要缴纳的个人所得税为：168 000×20%–1 410=32 190 元；

小王全年应缴纳个税为：32 190+90×12=33 270 元。

跟方案一相比，显然这个方案小王需要多缴纳个人所得税。

**方案三：**

如果按照 10% 的税率去设计小王的年终一次性奖励，剩余的部分按每月的工资去发放的话，那么小王的年终一次性奖励为：12 000×12=144 000 元；

这部分需要缴纳的个人所得税为：144 000×10%–210=14 190 元。

小王每月领取的工资为：（360 000-144 000）÷12=18 000 元；

小王每月需缴纳的个人所得税为：（18 000–3 000–5 000–5 000）×10%–210=290 元；

工资部分小王全年需要缴纳的个人所得税为：290×12=3 480 元；

则小王全年需要缴纳的个人所得税为：14 190+3 480=17 670 元。

通过以上三个方案我们可以看出，对小王来说，还是方案三缴纳的个人所得税最少。

附录：

按月换算后的综合所得税率表

| 级数 | 全年应纳税所得额 | 税率（%） | 速算扣除数 |
|---|---|---|---|
| 1 | 不超过 3 000 元的 | 3 | 0 |
| 2 | 超过 3 000 元至 12 000 元的部分 | 10 | 210 |
| 3 | 超过 12 000 元至 25 000 元的部分 | 20 | 1 410 |
| 4 | 超过 25 000 元至 35 000 元的部分 | 25 | 2 660 |
| 5 | 超过 35 000 元至 55 000 元的部分 | 30 | 4 410 |
| 6 | 超过 55 000 元至 80 000 元的部分 | 35 | 7 160 |
| 7 | 超过 80 000 元的部分 | 45 | 15 160 |

### 10.3.2 一次性补偿收入

《关于个人所得税法修改后有关优惠政策衔接问题的通知》还对解除劳动关系、提前退休、内部退养的一次性补偿收入政策作了说明：

（一）个人与用人单位解除劳动关系取得一次性补偿收入（包括用人单位发放的经济补偿金、生活补助费和其他补助费），在当地上年职工平均工资3倍数额以内的部分，免征个人所得税；超过3倍数额的部分，不并入当年综合所得，单独适用综合所得税率表，计算纳税。

（二）个人办理提前退休手续而取得的一次性补贴收入，应按照办理提前退休手续至法定离退休年龄之间实际年度数平均分摊，确定适用税率和速算扣除数，单独适用综合所得税率表，计算纳税。计算公式：

应纳税额={〔（一次性补贴收入 ÷ 办理提前退休手续至法定退休年龄的实际年度数）—费用扣除标准〕× 适用税率—速算扣除数}× 办理提前退休手续至法定退休年龄的实际年度数

（三）个人办理内部退养手续而取得的一次性补贴收入，按照《国家税务总局关于个人所得税有关政策问题的通知》（国税发〔1999〕58号）规定计算纳税。

### 10.3.3 外籍个人津贴

对于外籍个人有关津补贴的政策，《关于个人所得税法修改后有关优惠政策衔接问题的通知》规定：

（一）2019年1月1日至2021年12月31日期间，外籍个人符合居民个人条件的，可以选择享受个人所得税专项附加扣除，也可以选择按照《财政部、国家税务总局关于个人所得税若干政策问题的通知》（财税〔1994〕20号）、《国家税务总局关于外籍个人取得有关补贴征免个人所得税执行问题的通知》（国税发〔1997〕54号）和《财政部、国家税务总局关于外籍个人取得港澳地区住房等补贴征免个人所得税的通知》（财税〔2004〕29号）规定，享受住房补贴、语言训练费、子女教育费等津补贴免税优惠政策，但不得同时享受。外籍个人一经选择，在一个纳税年度内不得变更。

（二）自 2022 年 1 月 1 日起，外籍个人不再享受住房补贴、语言训练费、子女教育费津补贴免税优惠政策，应按规定享受专项附加扣除。

## 10.4 劳务报酬的纳税筹划

新的个人所得税法从 2019 年开始全面实施，除了增加了专项扣除、专项附加扣除外，劳务报酬的计算也发生了很大的变化。

2018 年 12 月 18 日公布的第 707 号中华人民共和国国务院令，修订后的《中华人民共和国个人所得税法实施条例》2019 年 1 月 1 日起施行。该条例规定：

劳务报酬所得，是指个人从事劳务取得的所得，包括从事设计、装潢、安装、制图、化验、测试、医疗、法律、会计、咨询、讲学、翻译、审稿、书画、雕刻、影视、录音、录像、演出、表演、广告、展览、技术服务、介绍服务、经纪服务、代办服务以及其他劳务取得的所得。

该条例还规定，对于属于一次性收入的劳务报酬所得，应以取得该项收入为一次；对于属于同一项目连续性收入的，应以一个月内取得的收入为一次。

取得劳务报酬所得、稿酬所得、特许权使用费所得中一项或者多项所得，且综合所得年收入额减除专项扣除的余额超过 6 万元的，需要办理个人所得税汇算清缴。

根据修改后的个人所得税法，向居民个人支付劳务报酬时可由扣缴义务人按月或者按次预扣预缴个人所得税，并且居民获得的劳务报酬根据个人工资、薪金所得，稿酬所得和特许权使用费用所得都为综合所得，在汇算清缴时是可以减除 6 万元的费用及专项扣除、专项附加扣除和依法确定的其他扣除。

2018年12月19日，国家税务总局发布了《关于全面实施新个人所得税法若干征管衔接问题的公告》（国家税务总局公告2018年第56号），对扣缴义务人向居民个人支付劳务报酬所得、稿酬所得、特许权使用费所得，按次或者按月预扣预缴个人所得税作了具体的说明：

劳务报酬所得、稿酬所得、特许权使用费所得以收入减除费用后的余额为收入额。其中，稿酬所得的收入额减按百分之七十计算。

减除费用：劳务报酬所得、稿酬所得、特许权使用费所得每次收入不超过四千元的，减除费用按八百元计算；每次收入四千元以上的，减除费用按百分之二十计算。

应纳税所得额：劳务报酬所得、稿酬所得、特许权使用费所得，以每次收入额为预扣预缴应纳税所得额。劳务报酬所得适用百分之二十至百分之四十的超额累进预扣率（见下表），稿酬所得、特许权使用费所得适用百分之二十的比例预扣率。

劳务报酬所得应预扣预缴税额 = 预扣预缴应纳税所得额 × 预扣率 − 速算扣除数

个人所得税预扣率表

（居民个人劳务报酬所得预扣预缴适用）

| 级数 | 预扣预缴应纳税所得额 | 预扣率（%） | 速算扣除数 |
|---|---|---|---|
| 1 | 不超过20 000元的 | 20 | 0 |
| 2 | 超过20 000元至50 000元的部分 | 30 | 2 000 |
| 3 | 超过50 000元的部分 | 40 | 7 000 |

2019年从事制图的小王，在B公司给自己找到一份兼职工作，每个月有3次，每次劳务报酬是3 000元。另外小王在A公司每个月的本职工作收入为6 000元，五险一金每个月扣除1 000元，小王还可以享受的专项附加扣除每个月是2 000元，那么小王应该缴纳个人所得税是多少呢？

小王在A公司的收入扣除5 000元的起征点及五险一金专项扣除后，是不需要缴纳个人所得税的；小王每个月在B公司兼职取得的劳务报酬，需要预缴的个人所得税应该为：

3 000×3×（1–20%）×20%=1 440元。

那么全年累计需要预扣预缴个人所得税为：

1 440×12=17 280 元。

不过，根据新的个人所得税法，小王是可以在 2020 年 3 月 1 日到 6 月 30 日之间办理汇算清缴的，多缴纳的个人所得税可以退回，少缴纳的个人所得税则需要补交。

如果不考虑小王的其他收入，那么 2020 年汇算清缴时，小王可以将在 A 公司的收入与 B 公司的劳务收入减除 20% 后的费用余额，并入综合收入，然后减除 6 万元的费用，减除专项扣除、专项附加扣除及其他依法确定的扣除后的余额，为应纳税所得额，即：

［6 000×12+3 000×3×（1–20%）×12］–60 000–1 000×12–2 000×12=62 400 元，其对应的税率应该是 10%，所以小王 2019 年应纳个人所得税为：

62 400×10%–2 520=3 720 元。

则 2020 年小王进行个人所得税汇算清缴时，可以退税 17 280–3 720=13 560 元。

你看，如果在交税时，多了解一下新的个人所得税法还是能省下不少钱的呢。

## 10.5 稿酬所得的纳税筹划

现在因为网络文学的快速发展，很多人成了网络作家，于是对于稿酬的纳税筹划也提上了日程。

国家为了鼓励广大文学爱好者的创作热情，推动文化市场的发展，对于稿酬所得税也做了调整。2019 年 1 月 1 日施行的新《中华人民共和国个人所得税法实施条例》，第六条规定：

稿酬所得，是指个人因其作品以图书、报刊等形式出版、发表而取得的所得。

这里所说的“作品”，是指包括中外文字、图片、乐谱等能以图书、报刊方式出版、发表的作品；“个人作品”，包括本人的著作、翻译的作品等。个人取得遗作稿酬，应按稿酬所得项目计税。

《中华人民共和国个人所得税法实施条例》第十四条规定：

劳务报酬所得、稿酬所得、特许权使用费所得，属于一次性收入的，以取得该项收入为一次；属于同一项目连续性收入的，以一个月内取得的收入为一次。

《中华人民共和国个人所得税法实施条例》第二十八条规定：

居民个人取得劳务报酬所得、稿酬所得、特许权使用费所得，应当在汇算清缴时向税务机关提供有关信息，减除专项附加扣除。

《中华人民共和国个人所得税法》将稿酬所得并入了综合所得，在汇算清缴时实行3%到45%的7级超额累进税率，并且允许6万元的费用扣除及专项扣除、专项附加扣除及依法确定的其他扣除。

对于稿酬所得，每次收入减除费用后的余额为收入额，并减按70%计算。

稿酬所得预扣预缴税款时，当每次收入额不超过4 000元时，减除费用按800元计算；当每次收入在4 000元以上时，减按20%计算。稿酬所得以20%的比例预扣率。

即每次稿酬收入不足4 000元的，应纳税额 =（每次收入额 –800）×20%×（1–30%）

每次稿酬收入在4 000元以上的，应纳税额 = 每次收入额 ×（1–20%）×20%×（1–30%）

如果个人发表或者出刊同一作品的，不管稿酬的收取是一次性还是多次性的，其稿酬所得都要合并起来进行纳税。不过，如果作者将其所著的作品拆分成两本或者两本以上作为一个系列进行出版的话，在计算稿酬的应纳税额时是分别计算的。我们可以利用这个政策来降低税负。

有个作者准备写一本书，预计稿酬是1万元。如果该作者以一本书的形式来出版，那么其应缴纳的税额为：10 000×（1–20%）×20%×（1–30%）=1 120元。

如果该作者跟出版社商量，将这本书分成5本，以一系列的形式出版，稿酬不变，那么每本书的稿酬将是 2 000 元，则每本书应缴纳的税费为：（2 000–800）×20%×（1–30%）=168 元，5 本书合计需要缴纳税费为 168×5=840 元。

这样该作者就少缴纳 280 元的个人所得税。

当一次性的稿酬较多时，通过将一本书拆分成几本书将稿费进行均分，这样可以降低税负。不过，在使用这种筹划方法时注意其临界点是 4 000 元，当均摊的稿费越接近于 4 000 元，两者相差得越小，当均摊稿费为 4 000 元时，需要缴纳的税费是相等的，这时就没有必要了。

除了这种方法均摊外，如果可以还能通过多人合作创作一本著作的方式来分摊稿酬，从而降低税负。

某教授想写一本书，预计稿费是 6 万元，如果是自己单独写，那么应纳税额则为：

60 000×（1–20%）×20%×（1–30%）=6 720 元。

如果该教授成立一个 30 人的创作小组，那么每人稿酬为 2 000 元，应纳的税费合计为：

（2 000–800）×20%×（1–30%）×30=5 040 元。

则可以少缴税费 1 680 元。

个人所得税的稿酬所得的应纳税额是应纳税所得额乘以其适用的税率，如果专项扣除的费用是固定的，那么合理降低应纳税额就可以实现降低税负的目的，同时还可以利用相关税收的优惠政策，去降低稿酬的税负。

某美食学家计划出版一本介绍某地的美食书籍，并跟某出版社达成了协议，出版社将支付给该美食学家 40 万元的稿酬，其中有 10 万元是该美食学家的考察费用。

看看怎么筹划使该美食学家交税较少。

**方案一：**

假设该出版社直接将 40 万元全部付给该美食学家，那么该美食学家预缴税费将为：

40×（1–20%）×20%×（1–30%）=4.48 万元。

**方案二：**

假设该美食学家跟出版社商量，让 10 万元的考察费用的税费由出版社承担，自己只负担稿酬 30 万元的税负，那么该美食学家需要预缴的税费则是：

30×（1–20%）×20%×（1–30%）=3.36 万元。

可以看出选择方案二，该美食学家可以少缴税为：

4.48–3.36=1.12 万元。

这一方案是建立在出版社承担一部分税费的前提下的。

兼职写作人员小杨，利用空闲时间定期给某公众号写一些文章赚取一些稿费。假设小杨每月在该公众号上投稿 15 篇，公众号每篇给他的稿酬为 500 元，那么其稿费月收入将是 7 500 元，该怎么进行纳税筹划？

**方案一：**

假如小杨是该公众号的员工，其收入就是“工资、薪金所得”，如果不考虑其他扣除，其应纳个人所得税额 =（7 500–5 000）×3%=75 元。

**方案二：**

假如小杨跟该公众号签订了劳务合同，其所得则为劳务报酬，每月预扣预缴个人所得税额 =7 500×（1–20%）×20%=1 200 元。

**方案三：**

假设小杨选择自由投稿，每次按“稿酬所得”缴纳税款，那么其应纳税额为零。

从上面的三个结果可知，小杨选择第三种方案缴纳的税款最少，不过满足条件的个人所得税可以每年进行汇算清缴，扣除 6 万元的费用，还有专项扣除等，这在前面已经经过，自己可以核算一下，如果经过核算，汇算清缴后也不需要交税，那么就选择对自己最有保障的方案。

总的来说，稿酬所得尽量避免一次性的大额收入，通过合理合法的方式将大额收入进行均衡分摊。不过实际操作中还需要考虑一些其他的因素，进行综合评判。

## 10.6 选择不同捐赠方式的纳税筹划

修改后的《中华人民共和国个人所得税法》第六条第三款规定：

个人将其所得对教育、扶贫、济困等公益慈善事业进行捐赠，捐赠额未超过纳税人申报的应纳税所得额百分之三十的部分，可以从其应纳税所得额中扣除；国务院规定对公益慈善事业捐赠实行全额税前扣除的，从其规定。

那么纳税人向哪些公益性社会组织捐赠，可以全额扣除呢？经过国务院批准，财政部、税务总局先后发文，纳税人向中国红十字会、中华慈善总会、宋庆龄基金会等几十家公益性社会组织的捐赠，是可以全额扣除的，这一政策即便在个人所得税改革后，仍然是有效的。

对于个人通过非营利的社会团体和国家机关向农村义务教育的捐赠，也是准予在个人所得税前全额扣除的。

这里的农村义务教育的范围，是指政府和社会力量举办的农村乡镇（不含县和县级市政府所在地的镇）、村的小学和初中以及属于这一阶段的特殊教育学校。纳税人对农村义务教育与高中在一起的学校的捐赠，也可享受这一优惠政策。

《中华人民共和国个人所得税法实施条例》第十九条规定：

个人所得税法第六条第三款所称个人将其所得对教育、扶贫、济困等公益慈善事业进行捐赠，是指个人将其所得通过中国境内的公益性社会组织、国家机关向教育、扶贫、济困等公益慈善事业的捐赠；所称应纳税所得额，是指计算扣除捐赠额之前的应纳税所得额。

从中可以看出，纳税人只有按照个人所得税法规定的，通过中国境内的公益性社会组织、国家机关进行的公益性捐赠才允许税前扣除，并且捐赠额不能超过纳税义务人申报的应纳税所得额 30% 的部分。也就是说如果没有通过法定的机构进行捐赠，那么该捐赠就不能享受税前扣除；如若捐赠数额超过了限额，那么超出部分的捐赠无法享受税前扣除。

李女士是一家个人独资企业的老板，预计2019年的应纳税所得额是100万元。为了让贫困老家的更多孩子有学可上，准备向自己的家乡捐赠28万元建立一个教学楼。

怎么对李女士进行纳税筹划呢？

如果李女士不事先进行纳税筹划，没有通过非营利的社会团体和国家机关，也没有通过中国境内的公益性社会组织，自己直接将资金捐赠给该小学的话，其捐赠是不能进行税前扣除的，所以2019年李女士应缴纳的个人所得税为：

1 000 000×35%–14 750=335 250元。

如果李女士提前进行纳税筹划，通过税法认可的组织、团体向学校捐款，那么其捐款是允许税前扣除的，这样的话李女士2019年应当缴纳的个人所得税为：

（1000 000–280 000）×35%–14 750=237 250元。

通过这样的筹划，李女士节省税款为：

335 250–237 250=98 000元。

国家为了鼓励个人为公益事业进行捐赠，特别颁布了一些优惠政策，做公益事业的企业和个人应该充分享受国家的这项政策，这样可以为社会作出更多的贡献。

## 10.7 利息、股息、红利所得的纳税筹划

《中华人民共和国个人所得税法》第二条第（六）项规定：

利息、股息、红利所得应当缴纳个人所得税。

其中利息、股息、红利所得，是指个人拥有债权、股权等而取得的利息、股息、红利所得。

该法第三条第（二）项规定：

利息、股息、红利所得的个人所得税适用比例税率，税率为20%。

该法第六条第（六）项规定：

利息、股息、红利所得和偶然所得，是以每次收入额为应纳税所得额。

也就是说利息、股息、红利所得，以支付利息、股息、红利时取得的收入为一次。

### 10.7.1 利息所得的纳税筹划

1. 国债利息

《中华人民共和国个人所得税法》第四条第二款规定：

国债和国家发行的金融债券利息是免征个人所得税的。

这里的国债利息，是指个人持有中华人民共和国财政部发行的债券而取得的利息；这里国家发行的金融债券利息，是指个人持有经国务院批准发行的金融债券而取得的利息。

《中华人民共和国个人所得税法》第十二条第二款规定：

纳税人取得利息、股息、红利所得，财产租赁所得，财产转让所得和偶然所得按月或者按次计算个人所得税，有扣缴义务人的，由扣缴义务人按月或者按次代扣代缴税款。

如果扣缴义务人没有扣缴税款，纳税人应当在取得所得的次年 6 月 30 日前缴纳税款；如果税务机关通知限期缴纳的，纳税人应当按照期限缴纳税款。

如果没有扣缴义务人，则应当在取得所得的次月 15 日内向税务机关报送纳税申报表，并缴纳税款。

2. 铁路债券利息

为了支持国家铁路建设，2019 年 4 月 16 日，财政部、税务总局发布了《关于铁路债券利息收入所得税政策的公告》，公告内容如下：

一、对企业投资者持有 2019-2023 年发行的铁路债券取得的利息收入，减半征收企业所得税。

二、对个人投资者持有 2019-2023 年发行的铁路债券取得的利息收入，减按 50% 计入应纳税所得额计算征收个人所得税。税款由兑付机构在向个人投资者兑付利息时代扣代缴。

三、铁路债券是指以中国铁路总公司为发行和偿还主体的债券，包括中国铁路建设债券、中期票据、短期融资券等债务融资工具。

这意味着个人投资者如果持有 2019 年到 2023 年发行的铁路债券，其所得的利息收入将减按 50% 计算应纳税所得额，来计算征收个人所得税。税款由兑付机构在向个人投资者兑付利息的时候代扣代缴。

个人投资者可以利用这个优惠政策，购买中国国家铁路集团有限公司发行的债券来获得税收优惠。

3. 教育储蓄存款利息

《对储蓄存款利息所得征收个人所得税的实施办法》第五条规定：

对个人取得的教育储蓄存款利息所得以及国务院财政部门确定的其他专项储蓄存款或者储蓄性专项基金存款的利息所得，免征个人所得税。

这里的教育储蓄是指个人按照国家有关规定在指定银行开户、存入规定数额资金、用于教育目的的专项储蓄。这个规定对个人进行纳税筹划保留了空间。

这里的教育储蓄是个人为子女接受非义务教育，像高中（中专）、大专和大学本科、硕士和博士研究生积蓄资金，每月固定存额，到期支取。教育储蓄采用实名制，开户时需要持学生本人户口簿或者身份证，到银行开户。

一般三个学习阶段可分别享受一次 2 万元教育储蓄的免税优惠，存期分别为 1 年、3 年、6 年。教育储蓄 50 元起存，每户本金最高为 2 万元。

4. 其他利息

此外，为了保证和支持社会保障制度和住房制度改革顺利实施，税法规定了按照国家和地方政府规定的比例交付住房公积金、医疗保险金、基本养老保险金及失业保险基金时取得的利息是免征个人所得税的。

个人可以利用上述的税收优惠政策，做好筹划，合理安排孩子的教育基金、家里的住房公积金、医疗保险金等。不过，这样这些基金通常都有一个最高限额，对于拥有大量资金的用户来说，这种筹划会受到一定的限制。

个人在进行投资时，除了考虑收益外，还要考虑各项费用，追求的是最终的投资净收益，也就是扣除各项税款和费用后的收益。

如果有条件可以选择前面提到的几种有优惠的储蓄。当然，购买国债也是一种值得考虑的投资方向，因为个人取得的国债和国家发行的金融债券其利息是免税的。

### 10.7.2 股息红利所得的纳税筹划

如果个人投资经验丰富，可以考虑投资股票。对于个人持有的股票、债券取得的股息、红利所得，根据税法是要征收20%的个人所得税的。不过为了鼓励企业和个人进行投资和再投资，各国对企业留存的未分配利润都不征收所得税。

如果你对该企业的未来很看好，可以将本该领取的股息、红利对该企业继续投资这样可以减缓缴纳个人所得税。

2015年，财政部、国家税务总局、证监会三部门联合发布了《关于上市公司股息红利差别化个人所得税政策有关问题的通知》（财税〔2015〕101号），通知中规定：

一、个人从公开发行和转让市场取得的上市公司股票，持股期限超过1年的，股息红利所得暂免征收个人所得税。

个人从公开发行和转让市场取得的上市公司股票，持股期限在1个月以内（含1个月）的，其股息红利所得全额计入应纳税所得额；持股期限在1个月以上至1年（含1年）的，暂减按50%计入应纳税所得额；上述所得统一适用20%的税率计征个人所得税。

二、上市公司派发股息红利时，对个人持股1年以内（含1年）的，上市公司暂不扣缴个人所得税；待个人转让股票时，证券登记结算公司根据其持股期限计算应纳税额，由证券公司等股份托管机构从个人资金账户中扣收并划付证券登记结算公司，证券登记结算公司应于次月5个工作日内划付上市公司，上市公司在收到税款当月的法定申报期内向主管税务机关申报缴纳。

不过，在使用这种方式时，除了考虑需要缴纳的税款，还要考虑收益及风险，要根据具体问题具体分析。

# 第 11 章　其他税种的纳税筹划

## 11.1　关税的纳税筹划

对于从事进出口贸易的企业来说，无论是进口低价的工业原材料，还是进口价格高昂的大型机械设备，都需要在进出口业务中缴纳关税。

关税作为进出口环节征收的主要流转税，对从事国际贸易的企业影响很大。企业在进出口过程中，通过一些合理的关税税收筹划技巧，能够减少一定的税负，从而达到增加收益的目的。

关税与其他税种一样，具有较大的纳税筹划空间，一般来说，关税的纳税筹划以完税价格和关税税率两方面为主，以其他手段为辅的方式来进行。

### 11.1.1　缩小完税价格来进行纳税筹划

从价关税计算公式：

进口关税 = 完税价格 × 关税税率

从量关税计算公式：

进口关税 = 进口货物数量 × 单位税额

从关税的计算公式可以看出，关税完税价格的高低影响着关税的高低。这也就是说，如果在进口环节能够适当降低完税价格，就能够少缴纳一定的关税。因此，可以通过这种方法来进行关税筹划。

一般来说，关税完税价格不仅包括货物的价格，还包括运费、杂费或佣金等费一些用。如果能够降低这些费用，就能降低关税的完税价格。简单来说，选择佣金更少的进货渠道，或者是选择定价更低的运输工具，都能达到降低关税的效果。

需要注意的是，缩小后的完税价格必须得到海关部门的审定和认可，这样才能真正达到合理减税的目的。不能盲目降低完税价格，盲目降低完税价格可能引发不必要的税务风险。

此外，在出口货物完税价格的纳税筹划中，大多数企业会采取一些措施来降低出口货物的完税价格。较为常见的一种做法就是，企业在相应国家设立子公司，通过关联企业的交易，来进行国际转让定价的筹划。

### 11.1.2 利用最惠国税率来进行纳税筹划

纳税人需要缴纳的关税，除了与关税完税价格有关，还与税率有关。因此，纳税人可以根据关税税率的不同，来进行纳税筹划。

最惠国待遇是某一国家进口其最惠国的产品所采用的关税税率。一般来说，最惠国税率不会高于当前或是将来来自第三国同类产品的关税税率。正如字面意义一样，最惠国税率是达成最惠国待遇协议的国家间才能够享受的。

最惠国待遇在关税上的体现主要是最惠国待遇关税。相比于普通税率，最惠国税率会更低。当前，加入 WTO 世界贸易组织的国家，大多都签订了双边贸易条约，并相互提供最惠国待遇，享受最惠国税率。

对于进出口企业来说，如果最后组装产品的产地是与中国签订了最惠国关税协定的国家，其所需要缴纳的税率就会低上很多。这样一来，纳税企业所缴纳的税款就会减少，从而达到了纳税筹划的目的。

除了利用最惠国税率外，还可以利用不同货品的不同关税税率来进行纳税筹划。一般来说，原材料和零部件的关税税率要低于半成品和成品的税率。据此，可以考虑进口原材料和零部件到境内加工生产，从而降低关税。

### 11.1.3 利用“保税政策”进行纳税筹划

根据《中华人民共和国海关法》的规定，保税制度主要是指经过海关批准的境内企业进口的货物，在海关部门的管控下，在境内指定场所储存、加工和装配，同时暂缓缴纳各种进口税费的一种海关业务监管制度。这一制度规定的货物就是保税货物。

由于符合保税货物可以暂缓缴纳税费，这样纳税人便可以暂时节省下这部分税款。通过保税政策，纳税人就相当于手中有了一笔没有利息的贷款，从而减少了实际承担的税负。

如果在货物加工完，最终出口，那纳税人便不需要缴纳税款。即使最终因为一些原因没有成功出口，而是在国内销售，依然也能够延期缴纳税款。这段时间使纳税人获得了货币的时间价值，所以在一定程度上说，这也算是减少了纳税人的税收负担。

利用保税政策进行纳税筹划的关键在于企业能否将进口货物向海关申请成为保税货物。

当然，在具体应用保税政策的实践中，还应该仔细了解海关部门的具体政策。如有必要，需要与海关部门及时沟通，以免政策理解不到位，而引发一系列税务风险。

### 11.1.4 利用关税减免进行税务筹划

关税减免主要是国家对于一些纳税人和征税对象给予鼓励和照顾的一种特殊调节手段。其以最惠国税率或者普通税率为基准，包括法定减免税、特定减免税和临时减免税几类。对于纳税人来说，想办法创造相应条件，享受减免优惠，是纳税筹划的关键要点。

关税的纳税筹划方法并不少，在具体应用时，纳税人应该从自身实际情况出发，选择合适的纳税筹划的方法。此外，在应用具体的纳税筹划方法时，一定要先将相关政策理解透彻，再去开展具体行动。如果对个别政策理解不清，需要与相关税务部门积极沟通。



## 11.2 资源税的纳税筹划

资源税主要是以各类自然资源为课税对象而征收的一种税。在《中华人民共和国资源税法》中规定，在中华人民共和国领域和中华人民共和国管辖的其他海域开发应税资源的单位和个人，为资源税的纳税人，应当依照本法规定缴纳资源税。

从理论上，资源税又可以分为一般资源税和级差资源税。

资源税的纳税筹划，主要需要围绕相关的税收优惠，以及应纳税额计算的特殊规定来进行。

### 11.2.1 利用分开核算应税产品来进行纳税筹划

《中华人民共和国资源税法》第四条规定，纳税人开采或者生产不同税目应税产品的，应当分别核算不同税目应税产品的销售额或者销售数量；未分别核算或者不能准确提供不同税目应税产品的销售额或者销售数量的，从高适用税率。

据此规定，纳税人在计算资源税征收减免项目时，不仅需要准确核算各类项目，同时还需要将不同税目的产品区分开。如果将不同应税产品混淆，纳税人便需要按照更高的税率标准去缴纳资源税。

从某种意义上来说，不多缴资源税，就在一定程度上达到了资源税纳税筹划的目的。这也是资源税纳税筹划的最基本环节。

### 11.2.2 利用“折算比”进行纳税筹划

纳税人不能准确提供应税产品销售数量的，以应税产品的产量或者主管税务机关确定的折算比换算成的数量为计征资源税的销售数量。

一般来说，税务机关在确定“折算比”时，并不是按照个别纳税人的实际情况去分别计算，而是按照行业平均水平来确定。鉴于此种情况，纳税人完全可以预先测算出自己企业的综合回收率和选矿比，然后再去和同行业的折算比例进行比较。

如果折算比例要低于同行业的折算比，那就不需要准确核算提供应税产品的销售数量和移送使用数量。这样一来，税务机关根据同行业企业的综合回收率和选矿比折算来计算税款时，就会少算课税数量，从而节省了税款。

这种纳税筹划方法还可以反过来使用，如果企业发现自身实际综合回收率高于税务机关确定的综合回收率，那就需要认真做好财务工作，准确向税务机关提供应税产品的销售数量或移送数量，避免因此承担较重的税负。

### 11.2.3 利用税收优惠政策进行纳税筹划

在资源税的纳税筹划中，利用相关税收优惠政策来进行纳税筹划，可以帮助企业获得更大的经济效益。当前，我国资源税相关法规条文还在不断完善之中，资源税改革也在加速进行。企业纳税人在进行税务筹划时，一定要及时关注相关税收法规的更新，充分享受法规政策带来的税收优惠福利。

在一些特殊资源的资源税征收上，相关政策给予了明确说明。

2017 年 1 月 24 日，发布《关于落实资源税改革优惠政策若干事项的公告》（国家税务总局公告 2017 年第 2 号），其中规定：

对依法在建筑物下、铁路下、水体下（以下简称“三下”）通过充填开采方式采出的矿产资源，资源税减征 50%。“三下”的具体范围由省税务机关商同级国土资源主管部门确定。

2020年6月24日，财政部、税务总局联合发布了《关于继续执行的资源税优惠政策的公告》（财政部 税务总局公告2020年第32号），公告规定：

自2019年1月1日至2021年12月31日，对增值税小规模纳税人可以在50%的税额幅度内减征资源税。

自2014年12月1日至2023年8月31日，对充填开采置换出来的煤炭，资源税减征50%。

资源税纳税人在开展纳税筹划工作时，需要综合利用这些筹划手段。伴随着资源税全面改革的推进，越来越多的税收优惠政策将会出台，届时，资源税纳税人纳税筹划的空间也会进一步扩大。

## 11.3 房产税的纳税筹划

### 11.3.1 房产税的相关规定及征收标准

根据《中华人民共和国房产税暂行条例》规定，房产税主要在城市、县城、建制镇和工矿区征收。在这些地区的具体征税范围，由各省、自治区、直辖市人民政府确定。

房产税的征税对象是房产，税费由产权负责人缴纳，其征收标准主要有从价计征和从租计征两种。

从价计征按照房产余值征税，依照房产原值一次减除10%到30%后的余值计算缴纳。具体扣除比例由省、自治区、直辖市人民政府依据税法规定自行确定。

从租计征主要按照房产租金收入计征，对于出租的房产，主要以房产租金作为房产税的计税依据。

房产税采用比例税率，按照房产余值计征的房产税，年税率为1.2%。按照房产出租的租金收入计征的，税率为12%。从2001年1月1日开始，个人按照市场价格出租房屋，用于居住的，暂减按4%的税率来征收房产税。

### 11.3.2 房产税的纳税筹划

在进行房产税的纳税筹划时，主要可以从两个方面着手：一是利用房产原值来进行纳税筹划，二是利用税收优惠政策来进行纳税筹划。

1. 利用房产原值来进行纳税筹划

在上面提到的从价计征标准中，房产原值指的是与房屋不可分割的各种附属设备或一般不单独计算价值的配套设施，包括暖气、通风等。如果纳税人对原有房屋进行了改建和扩建，那在计算房产税，确定房产原值时需要相应有所增加。

在这里需要注意的是，那些独立于房产之外的建筑并不属于房产，所以不需要缴纳房产税，比如说水塔或围墙等建筑物。因此，在从价计征计算房产原值时，独立于房屋之外的设施是不需要计入其中的，可以利用这里一点来合理进行纳税筹划。

2. 利用税收优惠政策来进行纳税筹划

根据相关税收政策法规，一些特定房产享受房产税减免优惠政策。

财政部和国家税务总局发布的《关于去产能和调结构房产税、城镇土地使用税政策的通知》（财税〔2018〕107号）规定，对按照去产能和调结构政策要求停产停业、关闭的企业，自停产停业次月起，免征房产税、城镇土地使用税。企业享受免税政策的期限累计不得超过两年。

同时，在财政部和国家税务总局发布的《关于高校学生公寓房产税、印花税政策的通知》（财税〔2019〕14号）规定，对高校学生公寓免征房产税。

财政部和国家税务总局发布的《关于继续实行农产品批发市场、农贸市场房产税、城镇土地使用税优惠政策的通知》（财税〔2019〕12号）规定，自2019年1月1日至2021年12月31日，对农产品批发市场、农贸市场（包括自有和承租，下同）专门用于经营农产品的房产、土地，暂免征收房产税和城镇土地使用税。对同时经营其他产品的农产品批发市场和农贸市场使用的房产、土地，按其他产品与农产品交易场地面积的比例确定征免房产税和城镇土地使用税。

在应用具体税收优惠政策进行房产税纳税筹划时，一定要注意相关规定中的税收减免时间和税收减免范围，以免出现不必要的纳税筹划风险。

## 11.4　土地增值税的纳税筹划

相较于其他税种来说，土地增值税在纳税筹划方面可操作的空间较大，因此大多数纳税人会选择对土地增值税进行纳税筹划。但需要注意的是，不合理的纳税筹划会为纳税人带来一定的税务稽查风险。因此，在纳税筹划时，需要慎之又慎。

土地增值税对于房地产企业的影响非常大，而土地增值税也是国家对房地产企业进行税收调控的重要手段。房地产企业为了降低生产成本、获得更高利润，往往会选择在相关税法规定的要求下，去进行土地增值税的纳税筹划。

土地增值税的纳税人是在中华人民共和国境内转移房地产并取得收入的单位和个人。其课税对象是指通过有偿转让土地使用权，及地上建筑物和其他附着物产权所取得的增值额；出让集体土地使用权、地上的建筑物及其附着物，或以集体土地使用权、地上建筑物及其附着物作价出资、入股。

对于房地产企业来说，土地增值税的纳税筹划，主要是通过降低增值额，从而降低增值率，来达到少缴甚至是不缴土地增值税的目的。一般来说，土地增值税的纳税筹划方法主要包括以下几种。

### 11.4.1　利用临界点进行纳税筹划

根据相关税法规定，纳税人建造的普通标准住宅出售时，增值额没有超过扣除项目金额的20%时，免征土地增值税。

由于土地增值税采用四级超率累进税率，所以增值率越高，税率就越高，需要缴纳的税款就越多。反之，增值率低的，税率也低，需要缴纳的税款也就更少。

具体的土地增值税税率如下表：

| 土地增值税税率表 | | | |
|---|---|---|---|
| 级数 | 计税依据 | 适用税率 | 速算扣除率 |
| 1 | 增值额未超过扣除项目金额50%的部分 | 30% | 0 |
| 2 | 增值额超过扣除项目金额50%、未超过扣除项目金额100%的部分 | 40% | 5% |
| 3 | 增值额超过扣除项目金额100%、未超过扣除项目金额200%的部分 | 50% | 15% |
| 4 | 增值额超过扣除项目金额200%的部分 | 60% | 35% |

从纳税筹划角度来看，企业纳税人可以选择适当的开发方案，来避免因增值率高于临界点，而导致的税负增加情况的发生。

### 11.4.2 利用可抵扣进项税来进行纳税筹划

在营改增之后，采用一般计税方法的房地产企业，可以通过抵扣进项税来降低企业的税负。为此，房地产企业可以在项目开发过程中适当增加可抵扣项目。同时，在选择供应商和服务商时，一定要考虑供应商的资质，并优先选择能够开具增值税专用发票的供应商，从而增加税前可抵扣项目。

此外，一些房地产企业会选择将房屋先装修再售出的方式，来增加可扣除项目金额，从而降低房产项目的增值率。这也是一种降低企业税负的方法。

甲房地产开发公司准备销售一批住宅楼，预计销售收入为5 000万元。其中，税前可扣除项目的合计金额为2 700万元，其他税费为400万元。

甲公司决定直接出售毛坯房，经计算其应缴纳土地增值税为：

增值额：5 000–（2 700+400）=5 000–3 100=1 900万元；

增值率：1 900 ÷ 3 100=61.3%；

应缴纳土地增值税为：1 900×40%–3 100×5%=605 万元。

后来甲公司决定将房屋装修后再进行出售，预计装修费用 1 500 万元，相关税费 750 万元，预计销售收入为 6 400 万元。经计算其应缴纳土地增值税为：

增值额：6 400–（2 700+400+1 500+750）=6 400–5 350=1 050 万元。

增值率：1 050÷5 350=19.63%。

因未达到土地增值税计税依据要求，因此不需要缴纳土地增值税。

从上面的计算过程来看，甲公司直接出售毛坯房，需要缴纳的各项税费为 400+605=1 005 万元。若将房屋装修后再进行出售，需要缴纳的各项税费为 750 万元。通过出售装修房屋，增加可扣除项目，从而达到了降低企业税负的目的。

### 11.4.3 利用签订合同进行纳税筹划

在房地产开发过程中，房地产企业需要签订的合同多种多样。在营改增之后，房地产企业所涉及的经济业务适用的具体税率会有所不同，这时候，根据经济业务的性质来签订不同税率的合同，可以降低企业的纳税成本，同时也能降低企业的纳税风险。

此外，房地产企业还可以采取分散收入的方法，将房产附属设施和房产分开签订合同，也能达到降低税负的目的。

## 11.5 城镇土地使用税的纳税筹划

土地使用税主要向土地的使用人征收，是一种以土地面积为课税对象的行为税。土地使用税采用有幅度的差别税额，并且只在县以上城市开征，非开征地区城镇使用土地则不需要缴纳土地使用税。大、中、小城市和县城每平方米土地的税额会有所不同。

在确定具体税额时，各级（省、自治区、直辖市）人民政府可以根据市政建设情况和经济情况，自主确定所辖地区的适用税额幅度，但需要保证在固定的税额幅度之内。

一些经济落后地区，可以相应降低土地使用税的适用税额标准，但降低额不能超过规定最低税额的30%。经济发达地区在上报财政部批准后，可以相应提高适用的税额标准。

对城镇土地使用税纳税筹划时，主要可以从两个方面着手：第一是利用土地级别的不同，城镇土地使用税税额不同，来进行纳税筹划；第二是利用相关税收减免政策来进行纳税筹划。

### 11.5.1 利用土地级别不同进行纳税筹划

城镇土地使用税采用定额税率，主要是以大、中、小城市和县城、建制镇、工矿区来划分。不同标准的土地每平方米每年需要缴纳的土地使用税税额也是各不相同的。具体标如下。

大城市：1.5元到30元。

中等城市：1.2元到24元。

小城市：0.9元到18元。

县城、建制镇、工矿区：0.6元到12元。

可以看到，大、中、小城市和县城、建制镇、工矿区的税额都是不一样的，所以对于纳税人来说，在满足需求的情况下，选择级别较低的土地，所缴纳的土地税额也就会相对较低。

### 11.5.2 利用相关税收优惠政策进行纳税筹划

根据《中华人民共和国城镇土地使用税暂行条例》规定，一些土地在使用时可以免征城镇土地使用税。

具体来说主要包括以下几种情况。

（1）国家机关、人民团体、军队自用的土地。

（2）由国家财政部门拨付事业经费的单位自用土地。

（3）企业兴办的学校、托儿所和幼儿园自用的土地。

（4）非营利性医疗机构、疾病控制机构和妇幼保健机构等医疗和卫生机构自用土地。

（5）非营利性科研机构自用的土地。

（6）符合规定的科学研究机构转为企业和进入企业，从转制注册之日起，7年内免征科研开发自用土地的城镇土地使用税。

（7）宗教寺庙、公园和名胜古迹自用的土地。这之中不包括附设在这些地区的各类营业单位所使用的土地，比如在公园或名胜古迹自用土地上设立的餐馆等。

（8）市政街道、广场、绿化地带的公共用地。

（9）直接用于农、林、牧、渔业的生产用地，水利设施及其护管用地。这之中不包括农副产品加工的场地和生活办公用地。

（10）经批准开山填海整治的土地和改造的废弃土地，从使用月份开始算起，5到10年内，可以免征城镇土地使用税。

（11）国家规定可以免征城镇土地使用税的能源、交通用地和其他用地。这主要是指涉及煤炭、石油、天然气、电力、铁路、民航和港口等企业所使用的土地。

（12）行政单位、企业单位、事业单位、社会团体、个人投资兴办的福利性和非营利性老年服务机构自用的土地。

（13）公益性未成年人校外活动场所自用的土地。

城镇土地使用税的减免政策并不是一成不变的，政府会根据土地使用的具体情况以及税收征管的具体需要而发生改变。因此，在利用税收优惠政策来进行纳税筹划时，一定要随时关注税收政策的变化，以免出现税收政策变革导致的税务风险发生。在应用城镇土地使用税减免政策时，一定要以国家税务总局发布的最新政策法规为准。

## 11.6 契税的纳税筹划

契税是一种财产转移税，主要针对契约征收，由财产承受人缴纳。契税的纳税义务人为境内转移土地、房屋权属，承受的单位和个人，主要实行3%到5%的税率，各省、自治区、直辖市人民政府可以在3%到5%的范围内，根据自身实际情况来确定具体的税率。

从2008年11月1日开始，个人首次购买90平方米以下的普通住房，契税税率一律下调到1%。因不可抗力灭失住房而重新购买住房的，可以酌情减免契税。土地、房屋被县级以上人民政府征用，重新承受土地、房屋权属的，由省级人民政府确定是否减免。

上述政策规定可以作为纳税人纳税筹划的一个重要依据。除此之外，契税纳税筹划的重要手段就是控制交易金额，也就是不动产交易的价格。

契税主要以不动产的价格作为计税依据，由于不动产权属转移的方式有很多，定价方法也是各有不同的。因此，具体的计税依据会根据特殊情况而有所不同。

（1）国有土地使用权出让，土地使用权出售和房屋买卖可以按照成交价格来计算。税务机关可以将成交价格作为计税依据，从而直接计算出纳税人应纳税额。

（2）土地使用权赠与和房屋赠与，税务机关可以将土地和房屋权属的市场价格作为计税依据。

（3）土地使用权交换和房屋产权交换时，如果交换价格相等，可以不必缴纳契税。如果交换价格不等，税务机关可以将土地和房屋交换的差价作为计税依据。

（4）以划拨方式取得土地使用权，经批准转让房地产时，可以由房地产转让者补交契税。计税依据主要为补交的土地使用权出让费用，或者是土地的收益。

由于契税的税率是确定的，因此，在进行纳税筹划时，更多需要在计税依据上做文章。不动产交易双方可以选择较低的价格进行交易，以此来减轻契税负担。

当然，如果不动产交易价格明显低于市场价格，并且没有正当理由的话，税务机关在核定契税计税依据时，可以按照市场价格进行核定。

小王和小李签订了房屋销售合同，小王将自己的房屋以 90 万元（含装修）的价格出售给小李。由于房屋面积不足 90 平方米，且为小李个人第一套房，因此契税按照 1% 来计算。根据契税计算公式，小李需要缴纳 900 000×1%=9 000 元的契税。

假如小王能提供 10 万元装修款发票，为了减轻契税负担，小李可以和小王商量，在合同中约定房屋交易价款为 80 万元，剩余的 10 万元价款以装修款支付给小王。这样一来，双方在房屋买卖过程中，契税的计税依据就发生了变化。最终，小李需要缴纳的契税为 800 000×1%=8 000 元。通过筹划，小李少缴了 1 000 元契税。

2021 年 9 月 1 日《中华人民共和国契税法》正式施行，1997 年 7 月 7 日国务院发布的《中华人民共和国契税暂行条例》将同时废止。为了保证《中华人民共和国契税法》实施后一些优惠政策的继续执行，2021 年 8 月 27 日，财政部、税务总局联合发布了《关于契税法实施后有关优惠政策衔接问题的公告》（财政部，税务总局公告 2021 年第 29 号），公告明确以下几点：

（1）夫妻因离婚分割共同财产发生土地、房屋权属变更的，免征契税。

（2）城镇职工按规定第一次购买公有住房的，免征契税。

公有制单位为解决职工住房而采取集资建房方式建成的普通住房或由单位购买的普通商品住房，经县级以上地方人民政府房改部门批准、按照国家房改政策出售给本单位职工的，如属职工首次购买住房，比照公有住房免征契税。已购公有住房经补缴土地出让价款成为完全产权住房的，免征契税。

（3）外国银行分行按照《中华人民共和国外资银行管理条例》等相关规定改制为外商独资银行（或其分行），改制后的外商独资银行（或其分行）承受原外国银行分行的房屋权属的，免征契税。

（4）除上述政策外，其他继续执行的契税优惠政策按原文件规定执行。涉及的文件及条款见附件1。

符合以上政策的契税纳税人，可以根据国家的优惠政策进行纳税筹划，以减轻自身的纳税负担。

附件1：

继续执行的契税优惠政策文件及条款目录

| 序号 | 文件标题及条款 | 文号 |
|---|---|---|
| 1 | 《财政部　国家税务总局关于免征军建离退休干部住房移交地方政府管理所涉及契税的通知》 | 财税字〔2000〕176号 |
| 2 | 《财政部　国家税务总局关于中国信达等4家金融资产管理公司税收政策问题的通知》第三条第3项 | 财税〔2001〕10号 |
| 3 | 《财政部　国家税务总局关于4家资产管理公司接收资本金项下的资产在办理过户时有关税收政策问题的通知》第一条中关于契税的政策 | 财税〔2003〕21号 |
| 4 | 《财政部　国家税务总局关于被撤销金融机构有关税收政策问题的通知》第二条第3项 | 财税〔2003〕141号 |
| 5 | 《财政部　国家税务总局关于中国东方资产管理公司处置港澳国际（集团）有限公司有关资产税收政策问题的通知》第二条第2项、第三条第3项、第四条第3项 | 财税〔2003〕212号 |
| 6 | 《财政部　国家税务总局关于银监会各级派出机构从中国人民银行各分支行划转房屋土地有关税收问题的函》第一条 | 财税〔2005〕149号 |
| 7 | 《财政部　国家税务总局关于青藏铁路公司运营期间有关税收等政策问题的通知》第四条 | 财税〔2007〕11号 |
| 8 | 《财政部　国家税务总局关于廉租住房经济适用住房和住房租赁有关税收政策的通知》第一条第（五）项中关于经济适用住房的契税政策、第（六）项 | 财税〔2008〕24号 |
| 9 | 《财政部　国家税务总局关于企业以售后回租方式进行融资等有关契税政策的通知》第一条、第五条、第六条 | 财税〔2012〕82号 |
| 10 | 《财政部　国家税务总局关于棚户区改造有关税收政策的通知》第三条、第四条以及第五条中关于契税的政策 | 财税〔2013〕101号 |
| 11 | 《财政部　国家税务总局 住房城乡建设部关于调整房地产交易环节契税 营业税优惠政策的通知》第一条、第三条中关于契税的政策 | 财税〔2016〕23号 |
| 12 | 《财政部　税务总局关于支持农村集体产权制度改革有关税收政策的通知》第一条、第二条第一款、第三条 | 财税〔2017〕55号 |
| 13 | 《财政部　税务总局关于易地扶贫搬迁税收优惠政策的通知》第一条第（二）项以及第二条第（一）（四）（五）项中关于契税的政策 | 财税〔2018〕135号 |
| 14 | 《财政部　税务总局关于公共租赁住房税收优惠政策的公告》第三条中关于契税的政策 | 财政部　税务总局公告2019年第61号 |
| 15 | 《财政部　税务总局关于继续实行农村饮水安全工程税收优惠政策的公告》第一条及第六条第二款中关于契税的政策 | 财政部　税务总局告2019年第67号 |

续表

| 序号 | 文件标题及条款 | 文号 |
|---|---|---|
| 16 | 《财政部　税务总局发展改革委民政部商务部卫生健康委关于养老、托 育、家政等社区家庭服务业税费优惠政策的公告》第一条第（三）项 | 财政部　税务总局发展改革委民政部商务部卫生健康委公告2019年第76号 |
| 17 | 《财政部　税务总局关于延长部分税收优惠政策执行期的公告》中关于契税的政策 | 财政部　税务总局公告2021年第6号 |
| 18 | 《财政部　税务总局关于继续执行企业事业单位改制重组有关契税政策的公 告》 | 财政部　税务总局公告2021年第17号 |

## 11.7　车船税的纳税筹划

车船税的主要征税对象为车辆和船舶，面向车辆和船舶的所有人或管理人征收。根据车辆、船舶的种类不同，所适用的计税依据和税额标准也有所不同。

“车辆”主要包括机动车辆和非机动车辆。机动车辆主要是指那些依靠燃油和电力等能源作为动力运行的车辆，包括汽车、拖拉机、电车等。非机动车辆则主要是指依靠人力和畜力运行的车辆，包括自行车、三轮车和畜力驾驶车等。

“船舶”主要包括机动船舶和非机动船舶两种。其中，机动船舶指的是依靠燃料等能源作为动力运行的船舶，包括客轮、货轮等。非机动船舶是指依靠人力或者其他力量运行的船舶，包括木船、帆船等。

作为一种按年征收的税款，车船税纳税人可在规定的申报纳税期限内，把全年税款一次性缴清。

其应纳税额计算公式为：

车船税税额 = 计税依据 × 使用的单位税额

车船税的纳税筹划可以从两个方面入手，一是利用税率临界点进行筹划，一是利用税收优惠政策来进行筹划，这两种方式都能够达到减免税款的目的。

### 11.7.1　利用税率临界点进行纳税筹划

根据车船税相关规定，载货汽车、三轮汽车、低速汽车等以自重吨数为单位，船舶以净吨位为单位分级规定税率。这就产生了应纳车船税税额相对吨位数变化的临界点，如果超过临界点，税额就会增高，如果低于临界点，税额就会降低。即使与临界点相差只有 1 吨，其两边的税额也是相差很大的。因此，在这种情况下，利用税率临界点来进行纳税筹划是十分必要的。

### 11.7.2　利用税收优惠政策进行筹划

根据《中华人民共和国车船税法》及其实施条例的规定，对节能汽车和新能源车船实施车船税减免优惠。

1. 节能汽车，减半征收车船税

减半征收车船税的节能乘用车需要满足以下条件。

（1）获得许可在中国境内销售的排量为 1.6 升以下（含 1.6 升）的燃用汽油、柴油的乘用车（含非插电式混合动力、双燃料和两用燃料乘用车）。

（2）综合工况燃料消耗量应符合标准（具体标准见财务部、税务总局、工业和信息化部、交通运输部《关于节能、新能源车船享受车船税优惠政策的通知》及附件）。

减半征收车船税的节能商用车需要同时符合以下标准。

（1）获得许可在中国境内销售的燃用天然气、汽油、柴油的轻型和重型商用车（含非插电式混合动力、双燃料和两用燃料轻型和重型商用车）。

（2）燃用汽油、柴油的轻型和重型商用车综合工况燃料消耗量应符合标准（具体标准见财务部、税务总局、工业和信息化部、交通运输部《关于节能、新能源车船享受车船税优惠政策的通知》及附件）。

2. 新能源车船，免征车船税

免征车船税的新能源汽车需要同时符合以下标准。

（1）获得许可在中国境内销售的纯电动商用车、插电式（含增程式）混合动力汽车、燃料电池商用车。

（2）符合新能源汽车产品技术标准。

（3）通过新能源汽车专项检测，符合新能源汽车标准。

（4）新能源汽车生产企业或进口新能源汽车经销商在产品质量保证、产品一致性、售后服务、安全监测、动力电池回收利用等方面符合相关要求。

上面提到的各项具体标准，须符合财务部、税务总局、工业和信息化部、交通运输部发布的《关于节能、新能源车船享受车船税优惠政策的通知》及附件中的相关规定。

对于主推动力装置为纯天然气发动机的新能源船舶免征车船税，对于采用微量柴油引燃方式，同时引燃油热值占全部燃料总热值的比例不超过 5% 的，可以视同为纯天然气发动机，免征车船税。

在利用税收优惠政策进行车船税纳税筹划时，要仔细研究上述优惠政策的相关规定，同时还要随时关注与车船税相关的新政策。

## 11.8 印花税的纳税筹划

《中华人民共和国印花税暂行条例》规定，对书立、领受合同、产权转移书据等应税凭证的单位和个人征收印花税。同时，根据应税凭证的性质，对印花税采用比例税率或按件定额计征。

具体的税率、税额需要按照相关条例中所附带的《印花税税目税率表》来确定执行，也就是说，印花税在税率、税额上是确定的。因此，其纳税筹划需要从其他方面入手。

2021 年 6 月 10 日，第十三届全国人民代表大会常务委员会第二十九次会议通过《中华人民共和国印花税法》（以下简称《印花税法》），该税法从2022年7月1日起实施，到时1988年8月6日国务院发布的《中华人民共和国印花税暂行条例》将同时废止。

《印花税法》规定印花税的纳税人为：在中华人民共和国境内书立应税凭证、进行证券交易的单位和个人。

《印花税法》第九条规定：

同一应税凭证载有两个以上税目事项并分别列明金额的，按照各自适用的税目税率分别计算应纳税额；未分别列明金额的，从高适用税率。

纳税人可以根据这一条款来进行纳税筹划。简单来说，当纳税人的一份合同涉及多个经济业务时，最好分别去记载金额。这样在计算印花税时，就能够按照各自适用的税目税率去计算应纳税额，从而减轻纳税人所承担的税务负担。

除了这一条款外，在《印花税法》中，还规定了以下八种印花税的免税情形：

（1）应税凭证的副本或者抄本；

（2）依照法律规定应当予以免税的外国驻华使馆、领事馆和国际组织驻华代表机构为获得馆舍书立的应税凭证；

（3）中国人民解放军、中国人民武装警察部队书立的应税凭证；

（4）农民、家庭农场、农民专业合作社、农村集体经济组织、村民委员会购买农业生产资料或者销售农产品书立的买卖合同和农业保险合同；

（5）无息或者贴息借款合同、国际金融组织向中国提供优惠贷款书立的借款合同；

（6）财产所有权人将财产赠与政府、学校、社会福利机构、慈善组织书立的产权转移书据；

（7）非营利性医疗卫生机构采购药品或者卫生材料书立的买卖合同；

（8）个人与电子商务经营者订立的电子订单。

根据国民经济和社会发展的需要，国务院对居民住房需求保障、企业改制重组、破产、支持小型微型企业发展等情形可以规定减征或者免征印花税，报全国人民代表大会常务委员会备案。

印花税纳税人在进行税务筹划时，可以比对以上免税情况，如果符合相应条件，可以享受印花税减免优惠。



## 11.9 车辆购置税的纳税筹划

2018年12月29日，第十三届全国人民代表大会常务委员会第七次会议通过《中华人民共和国车辆购置税法》，该法规定，在中华人民共和国境内购置汽车、有轨电车、汽车挂车、排气量超过150毫升的摩托车的单位和个人，为车辆购置税的纳税人。

车辆购置税的税率为10%，并实行一次性征收。购置已征车辆购置税的车辆，不再征收车辆购置税。在计算车辆购置税的应纳税额时，应按照应税车辆的计税价格乘以税率进行计算，即“应纳税额 = 计税价格 × 税率”。

由于车辆购置税的税率是确定的，所以其纳税筹划的主要手段在于应税车辆的完税价格上。

根据税法，应税车辆的计税价格应该按照以下规定来确定。

第一，纳税人购买自用应税车辆的计税价格，为纳税人实际支付给销售者的全部价款，其中不包括增值税税款。

第二，纳税人进口自用应税车辆的计税价格，应该是关税完税价格加上关税和消费税。

第三，纳税人自产自用应税车辆的计税价格，按照纳税人生产的同类应税车辆的销售价格确定，也不包括增值税税款。

第四，纳税人以受赠、获奖或者其他方式取得自用应税车辆的计税价格，按照购置应税车辆时相关凭证载明的价格确定，不包括增值税税款。

一般来说，市面上的车辆价格会高于最低计税价格。在上面第一条规定中所提到的“纳税人实际支付给销售者的全部价款”是指购车款与价外费用的总和，在车辆购置过程中，常见的价外费用包括车辆装饰费、车辆保险金等。

如果按照全部价款来计征车辆购置税，其费用必然较高。实际上，在购置车辆时，消费者完全可以以购车款作为计税价格缴纳车辆购置税，其他价外费用可以单独进行计算。

刘女士想要购买一台新型轿车，车辆价格为 150 000 元（含增值税），同时刘女士在车辆销售店还配备了一些车辆工具共 5 000 元，车辆装饰共 15 000 元。随后，汽车销售店为刘女士开具了《机动车销售统一发票》，合计金额 170 000 元。最终，刘女士缴纳车辆购置税款为 170 000÷（1+13%）×10%=15 044.2 元。

如果刘女士在购置新车前，学习一些相关的纳税筹划知识，那她在购买新车时，会节省下一部分车辆购置税款。

刘女士在购买同样为 150 000 元（含增值税）价格的汽车时，当天并没有在汽车销售店购买车辆工具和车辆装饰。汽车销售店同样为刘女士开具了发票，合计金额为 150 000 元。最终，刘女士缴纳的车辆购置税款为 150 000÷（1+13%）×10%=132 743.36 元。在缴纳完车辆购置税后，刘女士又回到汽车销售店，为自己的爱车配置了车辆工具和车辆装饰，共计花费了 20 000 元。

很显然，刘女士在筹划之后，所缴纳的车辆购置税款明显减少了。这是因为，在车辆购置税款的计税价格中，并未加入价外费用。

根据税法规定，消费者随车购买的工具和零件，也应该计入购车款中，并入计税价格。但如果在不同时间，或者是销售方不同，则不需要计征车辆购置税。此外，购车时支付的车辆装饰费也应作为价外费用，计征车辆购置税。但在购车后再行装饰，或者更换了汽车装饰公司，则不需要计征车辆购置税。

相比于其他税种，车辆购置税的纳税筹划空间有限。消费者在购买车辆时，可以不必一次将所有的装备配齐。同时，在开具发票时，可以要求经销商将各个款项分开，并出具委托方发票，而不能只开一张总价格的发票。这样才能够更好地进行车辆购置税的纳税筹划。

# 第三部分

# 企业税务风险防控

# 第 12 章　企业税务风险

## 12.1　企业税务风险概述

对于企业来说，在生产经营活动中，如果没有正确有效依照税法规定操作涉税行为，企业就很有可能出现税务风险。企业税务风险主要包括两方面：一方面，可能是企业的纳税行为没有遵照税收法律法规的规定，未缴纳或少缴纳了税款；另一方面，可能是企业经营行为适用税法不准确，没有享受到相关优惠政策，承担了本不必要的税收负担。在这里税务风险主要讲第一方面。

### 12.1.1　企业税务风险的影响

从法律层面上来讲，企业的税务风险又是一种法律风险，如果企业的税务行为没有违反法律规定，就不会产生相应的税务风险。无论从哪个方面来看，产生税务风险都会对企业造成一定的负面影响。

1. 税务风险会严重损害企业的信誉

企业税务风险发生后，被媒体一曝光，企业在大众面前的形象和声誉就会受到影响。

2. 税务风险会给企业造成较大的经济损失

当前，税务机关对企业涉税行为的监管越来越严格，对违法的涉税行为惩罚力度也不断加大，在这种情形下，发生税务风险必然会给企业造成较大的经济损失。

3. 税务风险还会影响到企业的体系架构，引发企业人员变动

偷逃税款的行为如果构成犯罪，企业相关负责人将会受到刑事处罚，从而影响到企业组织架构的稳定，影响企业的长远发展。

企业出现税务风险，除了会影响到自身发展外，还会对整个国家的税收收入造成影响，从而影响到税收对经济的调控作用。

### 12.1.2 企业税务风险的特点

企业税务风险的产生，与企业经营行为密切相关。多数企业税务风险事例的发生，是由于企业管理者主观意图所导致的。从具体来看，企业税务风险主要有以下几个特点。

1. 主观性

纳税人和税务机关对同一涉税业务存在不同理解，这也是企业税务风险产生的一个直接原因。有的纳税人在理解税法规定时，只站在自己的角度去考虑，而没有详细了解税法规定条款的具体规范，因此会出现企业行为违反税法规定的情况。

同时，纳税人对自身纳税业务所表现出来的态度，也是企业税务风险产生的一个重要因素。大多数偷逃税款案件都是由于纳税人主观态度所致，为了获得更多的经济利益，而故意违反税法的相关规定。

此外，税务机构对税收制度的理解不同，也会使企业产生税务风险。企业在进行税务管理时，如果与税务机关缺乏必要的沟通，就容易产生一些税务风险。

2. 必然性

大多数企业管理者都会将税后利润最大化作为企业生产经营活动的

目标，这一客观原因的存在，也容易产生税务风险。随着国家税收政策不断变化，企业相关负责人如果没有及时了解和掌握最新的税收政策法规，就很难完全规避税务风险。因此，从这个角度来看，企业税务风险的发生具有一定的必然性。

3. 预先性

企业的税务风险往往隐藏在企业的各种涉税行为之中，或者说，在企业履行税务责任之前，税务风险就已然存在。如果企业主观上进行的相关涉税业务，与当前国家税收政策法规相互矛盾，那么企业就会产生相应的税务风险。

企业的税务风险具有一定的预先性，为此，企业应该及时展开税务风险防控，要在履行税务责任之前，切实降低税务风险发生的可能。

随着税收法律法规的不断健全，一些并没有暴露出来的企业税务风险，开始逐渐显现。因此，在当前税收政策完善变革阶段，企业详细了解相关税务风险产生的原因和完善相关防范措施，是十分必要的。

## 12.2 企业税务风险产生的原因

从国家税务稽查机关的相关统计数据来看，我国不少企业存在税务风险问题。有小企业因为缺少相应的税务风险防控能力，而出现税务风险；也有一些规模较大的企业也因为对税务风险防控的重要性认识不到位，而出现了涉税问题。从更多情况来看，大多数企业都是由于对税务风险产生原因认识不足，而在经营过程中出现了税务风险问题。

导致企业产生税务风险的原因很多，这些原因潜藏在企业生产经营活动的每一个环节之中。既有一些外部因素的影响，也有不少内部因素的作用。因此，详细了解企业经营环节中税务风险产生的具体原因，是非常必要的，这是企业制定完善风险防控体系的重要前提。

企业税务风险产生的原因，大体上可以分为企业外部宏观环境因素和企业内部生产经营因素两个大类，在这两大类下面还有许多细分的小类别。

企业外部的税务风险因素主要包括经济形势和产业政策、法律法规和监管要求、税收法规和地方法规适用性等。最主要的因素就是税收法规的变化。

当前，我国税收法规还处在不断补充、修订之中，一些旧的税收法规，因为不再适合当前经济发展的需要，会被废除，随后建立新的法规。每年国家税务总局都会印发各种税务管理文件，对一些税收政策进行调整。如果企业在履行税务责任时，依然按照旧有的税收政策执行，就有可能会引发一些税务风险。

还有一些企业在履行税务责任时，会提前进行纳税筹划，利用相关税收法规来节税。由于纳税筹划大多都是依靠当前税收政策来进行的，税收政策发生变化，可能一些筹划手段不再适用。如果企业依然沿用旧有税收政策进行纳税筹划，可能会导致纳税筹划的失败，而产生一定的税务风险。

此外，由于我国税务行政管理体系较为复杂，一家企业的涉税行为可能多个税务执法主体都有管理权，并且每一个税务执法主体对于企业同一涉税行为的理解和处理也会有所不同，这一点还与税务主体相关执法人员的能力有一定关系，这些因素都会增加企业的税务风险。

企业相关负责人对税收政策和自身经营状况认识不足，也会导致企业出现相应的涉税风险。一些企业由于财务人员能力不足，在纳税筹划过程中，也会发生一些税务风险。更有一些企业本就没有合理的纳税筹划，而采取一些带有风险的违法行动去避税，这很容易为企业带来较大的涉税风险。

正如前面所说的，企业的税务风险潜藏在企业生产经营活动的每一个环节之中，稍有不慎，就会出现税务风险问题。当然，企业管理者也不必因为害怕出现税务风险，而在企业生产经营上畏首畏尾。

在应对企业税务风险问题时，最好的方法就是在找到税务风险产生的原因之后，建立健全企业的税务风险防控体系，从根源上解决并防止税务风险的发生。

由于每一家企业的具体经营情况有所不同，所面临的税务风险也是各不相同的。因此，在构建税务风险防控体系时，具体的操作手段也会有所不同，企业管理者应该根据自身实际情况制定相应的策略去应对税务风险。当然，也有一些共性的策略方法是适合于绝大多数企业的。

## 12.3 企业税务风险的预防措施

近年来，我国税制改革不断深入，相关税收政策也不断推出，这使得税务问题成为许多企业关注的重点问题。为了避免在生产经营活动中发生税务风险，企业需要及时了解并掌握最新的税收政策，及时调整自身应税手段，将税务风险发生的可能性降到最低。

企业税务风险问题是一个综合性问题，不仅产生原因复杂多样，其造成的影响也是多种多样的。企业的各种税务风险，已经不再是多缴纳或少缴纳税款的问题，已经演变成为影响企业生存发展的一个重要问题。

一个企业如果能在经营活动开展之前，就制定好灵活高效的税务风险防控策略，就能更好地控制税务风险的发生，也能及时排除潜在的税务风险隐患。这不仅能够降低企业的税负负担，在一定程度上，还增加了企业的经济效益。在当前市场竞争中，合理规避企业税务风险，也成了企业综合竞争力的一个重要表现。

企业积极开展税务风险防控工作，不仅可以帮助企业规避税务风险，还能让企业更好地享受到税收政策中的优惠。企业纳税筹划也需要税务风险防控工作的支持，如果没有税务风险防控工作，企业纳税筹划很容易失败，或引发不必要的税务风险。

企业风险防控是企业发展必不可少的工作，相比于其他风险的防控，企业税务风险的意义更为重大。相对而言，企业管理者在控制税务风险防控上的主动权，要比其他风险防控高很多。也可以说，企业税务风险是纳税人比较能控制的一种风险。具体来说，企业进行税务风险防控的措施主要有以下几点。

1. 纳税人应该树立依法纳税的观念，规范纳税筹划行为

企业管理者应该将税务风险防控与企业发展战略统筹结合，协调企

业财会管理与税务风险管理的关系，通过依法纳税来避免税务风险的发生。

企业在进行收购、投资、融资等活动时，应该加强行为合法性、合规性的审查，避免出现税务违法的行为，为企业带来不利影响。同时，企业在项目收购时，也需要对收购目标的涉税情况作出评估，从而防止第三人行为所造成的税收风险的发生。

2. 提高企业税务风险防控意识

当前，一些企业的经营者和税务管理的相关负责人，对企业税务风险防控的认识还不到位。在一些具体的税务问题上，企业经营者掌握着主导权，具有专业知识的税务管理人员往往没有决策权。很多时候，企业经营者会出于最大化利润的目的，而做出铤而走险的税务违法决策。

企业经营者应该在充分了解税收政策的基础上，去决定企业的税务行为。如果对税收政策了解不足，则应该在相关专业人员的辅助下做出税务行为决策。

3. 建立企业内控制度

完善的企业内控制度是企业风险控制的基石，健全的内控制度能够有效控制涉税风险。一般来说，企业税务内控制度主要包括税务会计核算、税款计算、纳税申报、税款缴纳和发票管理等具体工作，同时还包括第三方的独立检查和内部审计。为此，企业应该设立专门的部门，安排专职人员来处理企业的税务问题，这样才能更好地规范税务行为，避免税务风险。

此外，企业管理者还应该充分落实税务管理部门的职责和权限，建立完善的风险责任追究机制。对于税务管理过程中出现的问题及时调整，对于税务管理制度上存在的漏洞及时修补。

4. 时刻关注国家税收政策变化

无论是企业管理者，还是企业税务管理相关负责人，都应该时刻关注国家财税政策的变化。同时，还要着重关注那些与自己企业相关的税收信息，根据国家税收政策的变化来进行企业税务活动。

企业的税务管理部门，应该确保自身的税务管理系统与法律法规的要求同步，让企业的财会信息更好地反映出法律法规的新变化。同时，还要根据自身的业务情况，将税务风险管理应用到企业生产经营的各个环节，在各个环节中，找到相适应的税收政策法律法规。

5. 保持税企及时沟通

企业税务管理不能只局限于企业内部，税务管理人员在进行税务管理时，应该多与税收征管部门联系。如果对一些具体的税收法规理解不清，更需要与税务机关积极沟通，了解具体实施情况，以免因为错误解读而使企业承担税务风险。

6. 适时监控税务风险

企业在纳税义务发生前，应该对自身经营全过程进行严格、详细地审阅，保证企业税务活动“零风险”。企业还应该建立起完善的税务风险监控机制，对不同环节的税务风险进行实时监控，遇到问题及时调整，以免税务风险扩大。

## 12.4　新时期企业常见税务风险类型

### 12.4.1　纳税人身份选择的风险

一般来说，纳税人的身份主要有两种，一种是一般纳税人，一种是小规模纳税人。区分一般纳税人和小规模纳税人的基本依据是纳税人的会计核算是否健全、企业的规模如何、能否提供准确的税务资料。

在衡量企业规模时，常以企业的年销售额作为依据。2018 年 4 月 4 日，财政部和国家税务总局印发了《关于统一增值税小规模纳税人标准的通知》，增值税小规模纳税人标准为年应征增值税销售额 500 万元及以下。而一般纳税人则是年应征增值税销售额超过了财政部规定的小规模纳税人标准的企业和企业性单位。

这两种身份的纳税人在计税依据、计税方法和税率方面都是不同的。

在计税方法上，一般纳税人采用的是一般计税法，即本期应缴税款 = 当期销项税额 – 当期进项税额；而小规模纳税人所采用的则是简易计税方法。

在税率和征收率上，一般纳税人所适用的增值税税率包括13%、9%、6%等；而小规模纳税人适用的增值税征收率则是3%。

在纳税申报期上，一般纳税人缴纳增值税，原则上以月为纳税期申报纳税；而小规模纳税人缴纳增值税，原则上以季度为纳税期申报。

企业的纳税人身份不同，其所承担的税负责任也是不同的，由于一般纳税人不可以转为小规模纳税人，因此，企业在开展税务工作时，应该根据自身的纳税人身份进行纳税筹划。这样不仅能够降低企业的税务负担，同时也能减少企业税务风险的发生。

### 12.4.2　税务程序风险

根据国务院相关规定，自2016年10月1日起，“五证合一、一照一码”登记制度改革将在全国范围内实施。

“五证合一”之后，申请人在办理企业注册登记时，只需要填写“一张表格”，向“一个窗口”提交“一套材料”。登记部门将会直接核发加载统一社会信用代码的营业执照，相关的信息会在全国企业信用信息公示系统中公示，并归集到全国信用信息共享平台，企业就不需要再去办理社会保险登记证和统计登记证了。

“五证合一”规定的出台后，一系列税收政策也相继推出，税收申报、缴纳的程序和方式发生了很大改变。了解这些变化对于企业税务管理人员来说是非常重要的，税务管理人员应该按照税务机关固定的时间、程序，准备好相关资料，及时处理企业税务问题，如果程序不当、时间逾期，或是材料不足，都将会为企业带来一定的税务风险。

根据《中华人民共和国税收征管法》第六十二条的规定，纳税人未按照规定的期限办理纳税申报和报送纳税资料的，或者扣缴义务人未按照规定的期限向税务机关报送代扣代缴、代收代缴税款报告表和有关资料的，由税务机关责令限期改正，可以处二千元以下的罚款；情节严重的，可以处二千元以上一万元以下的罚款。

### 12.4.3 适用税率的风险

对于一些规模较大的企业来说，其所开展的不同业务所适用的具体税率会有所不同。根据《中华人民共和国增值税暂行条例》第三条规定，纳税人兼营不同税率的项目，应当分别核算不同税率项目的销售额；未分别核算销售额的，从高适用税率。

企业的税务管理人员在开展税务活动时，应该充分了解不同业务所适用的不同税率或征收率，在核算销售额时，分别核算适用不同税率或者征收率的销售额。如果没有分别核算销售额，就会因为适用最高税率，而使企业造成经济损失。

### 12.4.4 合同价款风险

由于增值税属于价外税，并且不同的项目所适用的税率也有所不同，因此，企业在与客户签订合同时，一定要确定好合同的总价款是否含税。同时，要注明所适用的税率，如果涉及不同的税率，还需要分别标明不含税的价款，以及各自适用的税率。这样既便于理解，也能够避免因为理解偏差带来的合同纠纷。

### 12.4.5 结算方式的风险

增值税纳税义务的产生，与合同中结算方式有一定的关联。在一些情况下，企业可能还没有收到客户的款项，就需要缴纳一定的增值税。

企业在发生应税销售行为后，纳税义务的发生时间应该是收讫销售款项或者取得索取销售款项凭据的当天。如果先开具发票的，则为开具发票的当天。

具体的增值税纳税发生时间的判定，主要有以下几种情况。

1. 纳税人销售货物、提供应税劳务的纳税义务发生时间

（1）采取直接收款方式销售货物，不论货物是否发出，都为收到销售款或取得索取销售款凭据的当天。

（2）采取托收承付和委托银行收款方式销售货物的，为发出货物并且办妥托收手续的当天。

（3）采取赊销和分期收款的方式来销售货物的，为书面合同约定收款日期的当天，没有书面合同或者书面合同没有约定收款日期的，为货物发出的当天。

（4）采取预收货款方式销售货物的，为货物发出当天。生产销售生产工期超过 12 个月的大型机械设备、船舶、飞机等货物，则为收到预收款或书面合同约定收款日期的当天。

（5）委托其他纳税人代销货物的，为收到代销单位代销清单或收到全部或者部分货款的当天。没有收到代销清单及货款的，为发出代销货物满 180 天的当天。

（6）销售应税劳务的，为提供劳务同时收讫销售款或取得索取销售款凭据的当天。

（7）纳税人发生视同销售货物行为的（委托他人代销货物、销售代销货物除外），为货物移送的当天。

（8）进口货物的纳税人，其纳税义务发生时间为报关进口的当天。

2. 销售服务、无形资产、不动产的纳税义务发生时间

（1）销售服务、无形资产、不动产的增值税纳税义务发生时间常为纳税人发生应税行为并收讫销售款项或取得索取销售款项凭据的当天。先开具发票的，为开具发票的当天。

（2）提供租赁服务采取预收款方式的纳税人，其纳税义务发生时间为收到预收款的当天。

（3）从事金融商品转让的纳税人，为金融商品所有权转移的当天。

（4）发生视同销售服务、无形资产或者不动产情形的纳税人，其纳税义务发生时间为服务、无形资产转让完成当天或不动产权属变更的当天。

从上面的情况来看，企业销售行为结算方式的不同，也会为企业带来不同的税收风险。企业应该在销售行为发生之前，对纳税义务发生时间有一个准确的判断，从而合理规避相应的税务风险。

# 第 13 章　融资中存在的风险与防控

## 13.1　如何规避资金借贷中的纳税风险

融资对于一个企业，尤其是中小企业的生存发展至关重要。从资金来源上来看，企业的资金借贷主要涉及向金融机构和非金融机构借款。企业向非金融机构借款又可以分为企业与个人股东间借款、企业向民间融资和企业向关联企业间借款等三种融资方式。

在资金借贷过程中，一些企业由于对借款涉税的相关政策缺乏了解，在处理相关业务时，常会发生一些涉税风险。结果资金借贷不仅没有发挥应有的作用，反而引发了企业的税务风险。

在企业经营过程中，资金借贷时有发生。也有一些企业为了节税，会选择以“借款”的名义向股东分红，按照往来账处理。当前，税务机关对于这种行为的审查非常严格，如果企业纳税人缺少对相关法规政策知识，可能会为企业带来税务风险，得不偿失。

为了避免融资过程中可能发生的税务风险，企业应该区分不同类型的融资方式，同时也要对税法的相关规定有一定的了解和掌握。

### 13.1.1 企业借给自然人资金

1. 增值税方面的相关规定

在财政部和国家税务总局发布的《关于全面推开营业税改征增值税试点的通知》（财税〔2016〕36号）附件《营业税改征增值税试点实施办法》中附的《销售服务、无形资产、不动产注释》中，金融服务条目下的贷款服务是指将资金贷与他人使用而取得利息收入的业务活动。

各种占用、拆借资金取得的收入，包括金融商品持有期间（含到期）利息（保本收益、报酬、资金占用费、补偿金等）收入、信用卡透支利息收入、买入返售金融商品利息收入、融资融券收取的利息收入，以及融资性售后回租、押汇、罚息、票据贴现、转贷等业务取得的利息及利息性质的收入，按照贷款服务缴纳增值税。

根据该条规定，在营改增后，纳税人如果将资金借给他人使用并收取利息，这种行为属于发生将资金贷与他人使用的行为，需要按照贷款服务来征收增值税。

如果企业纳税人将资金借给个人使用，不收取利息。

由此来看，企业纳税人借款给个人股东使用，也属于单位向个人无偿提供贷款服务，应该视同销售，需要缴纳相应的增值税。

2. 企业所得税方面的相关规定

公司在借款给个人股东时，应该按照独立交易原则，收取利息，并缴纳企业所得税。

国家税务总局发布的《关于企业向自然人借款的利息支出企业所得税税前扣除问题的通知》（国税函〔2009〕777号）规定，企业向股东或其他与企业有关联关系的自然人借款的利息支出，需要根据《中华人民共和国企业所得税法》第四十六条和财政部、国家税务总局发布的《关于企业关联方利息支出税前扣除标准有关税收政策问题的通知》（财税〔2008〕121号）规定的条件，计算企业所得税扣除额。

3. 印花税方面的相关规定

企业与自然人之间的借款合同，并不属于“银行及其他金融组织和借款人”之间的合同，因此，不属于印花税的征收范围，并不需要缴纳印花税。

4. 特殊情况的规定

财政部和国家税务总局在 2003 年 7 月 11 日发布了《关于规范个人投资者个人所得税征收管理的通知》（财税〔2003〕158 号）规定：

关于个人投资者从其投资的企业（个人独资企业、合伙企业除外）借款长期不还的处理问题：

纳税年度内个人投资者从其投资企业（个人独资企业、合伙企业除外）借款，在该纳税年度终了后既不归还，又未用于企业生产经营的，其未归还的借款可视为企业对个人投资者的红利分配，依照“利息、股息、红利所得”项目计征个人所得税。

在一些企业，常会出现股东长期从企业借出资金自用的情况。在营改增之后，这种行为很容易引起税务部门的关注，如果没有按照法律法规规定去缴纳个人所得税，就会引发企业的税务风险。

### 13.1.2 企业向自然人借款

1. 在增值税方面的规定

如果自然人提供资金给企业无偿使用，该种行为不属于法律规定的视同销售的“贷款服务”，因此不需要缴纳增值税。

如果自然人借给企业资金，并签订合同约定了支付利息，此种行为就属于民间借贷行为，即可以认定此种行为是自然人向企业提供“贷款服务”。因此自然人获得的利息收入应该按照“贷款服务”来计征增值税，如果个人为小规模纳税人，应按照 3% 的征收率计征增值税。

2. 在个人所得税方面的规定

如果自然人提供资金给企业无偿使用，由于自然人没有取得收入，所以不存在缴纳个人所得税的问题。

如果企业从自然人那里借得资金，并且按照合同约定支付利息，那自然人应该按照“利息、股息及红利所得”来计征个人所得税。如果企业支付给个人费用，负有代扣代缴义务，在支付利息的时候，需要代扣代缴个人所得税。

3. 在企业所得税方面的规定

如果为企业提供借款的自然人属于企业的股东，那借贷双方就属于关联方。

《中华人民共和国企业所得税法》第四十六条规定：企业从其关联方接受的债权性投资与权益性投资的比例超过规定标准而发生的利息支出，不能在计算应纳税所得额时扣除。

而在财政部和国家税务总局《关于企业关联方利息支出税前扣除标准有关税收政策问题的通知》（财税〔2008〕121号）文件中对该比例的规定为，金融企业的为5∶1，其他企业为2∶1。

从上面的内容可以看出，无论是企业借给自然人资金，还是自然人向企业借款，都会涉及一些税务问题。如果企业在资金借贷过程中，不按照相关税法规定去操作，很容易出现税务问题。为了防止企业在资金借贷过程中出现这些问题，企业应该严格资金借贷规程，做好相关规避措施。

## 13.2　企业资金借贷过程中存在的纳税风险

为了自身资金周转或扩大发展规模，企业会从外部进行融资，借款则是其中最为常见的一种方式。无论是向金融机构借款，还是向非金融机构或自然人借款，都会产生一定的税务风险。

上面的章节中我们详细论述了企业资金借贷过程中可能涉及的各种税务问题，以及相关法规条例。在这一节中，我们主要来通过实际案例来介绍一下企业资金借贷过程中存在的纳税风险。

**案例一：**

甲公司与自然人王某签订了一份借款协议，收到了从王某处借来的

2 500 万元本金。在此后的 3 年时间中，甲公司向王某支付了本金和利息。但由于甲公司在支付利息时，没有按照规定代扣代缴“利息、股息、红利”个人所得税，因而遭到了税务机关的处罚。甲公司不仅需要履行代扣代缴王某个人利息个人所得税，还需要缴纳应扣未扣税款 1.5 倍的罚款。

**风险警示：**

企业从个人处借款，并向个人支付利息，需要根据《中华人民共和国个人所得税法》的相关规定，缴纳个人所得税，同时，企业具有代扣代缴个人所得税义务的，还应该履行代扣代缴个人所得税的义务。

如果企业没有履行代扣代缴个人所得税的义务，根据《中华人民共和国税收征收管理法》的相关规定，税务机关将向纳税人追缴税款，对扣缴义务人处应扣未扣、应收未收税款 50% 以上、3 倍以下的罚款。

在企业从个人处借款时，借款双方需要了解各自的纳税义务和责任。企业从个人处借款，个人需要承担个人所得税的纳税义务，而企业则作为代扣代缴义务人，如果没有履行相应义务，个人被追缴个人所得税，企业也会受到处罚。

**案例二：**

乙公司与自然人李某签订了借款协议，在李某处借到了一笔资金。在此后一段时间，乙公司向李某支付了本金和利息，同时也承担了李某个人所得税代扣代缴义务。但由于乙公司与李某双方约定的利息过高，所以在缴纳企业所得税时无法税前抵扣，这为乙公司带来了巨大的损失。

**风险警示：**

毫无疑问，企业融资成本增加会为企业带来损失，这也是一种风险。

上述案例中双方约定利息过高，根据国家税务总局发布的《关于企业向自然人借款的利息支出企业所得税税前扣除问题的通知》（国税函〔2009〕777 号）规定，企业向除股东或其他企业有关的自然人以外的内部职工或其他人员借款的利息支出，其借款情况同时符合两条件：一是企业与个人之间的借贷是真实、合法、有效的，并且不具有非法集资目的或其他违反法律、法规的行为；二是企业和借款人签订了借款合同，其利息支出在不超过按照金融企业同期同类贷款利率计算的数额的部分准予扣除，但是超出金融企业同期同类贷款利率的利息，就不能在缴纳企业所得税前抵扣。

为了降低这种融资成本的增加，对企业可能带来的损失，企业作为借款人一定要从出借人处获得可抵扣的发票。具体来说，企业可以在合同签订时，约定开具发票的义务和违约责任。此后，企业可以督促出借人前往税务机关代开发票。更为重要的是，企业在与出借人签订借款合同时，双方约定的借款利息尽量要控制在税法规定的能够抵扣的范围之中。

**案例三：**

丙公司与自然人刘某签订了借款协议，在刘某处借得一笔资金。在签订借款合同时，刘某要求丙公司承担本应刘某自己缴纳的税费，由于丙公司当时正需要资金周转，因此只得同意了刘某的要求。但在缴纳税费阶段，丙公司为刘某缴纳的这部分税费，由于属于营业外支出，所以不能进行税前抵扣，这大大增加了丙公司的融资成本。

**风险警示：**

企业在与借款人签订借款合同时，一定要了解哪些支出是可以税前抵扣的，哪些支出是不能税前抵扣的。搞清楚这一点，才能避免后期无法进行税前抵扣，而出现融资成本增加的问题。

有关税前扣除的问题，并不只发生在企业与自然人的资金借贷之中，企业在向金融企业借款时，其借款利息支出也并不都可以在企业所得税前扣除的。因此，企业在进行资金借贷时，一定要注意借款利息税前扣除的问题。

## 13.3 如何规避资金池管理模式下的纳税风险

企业资金池管理主要是指集团公司将下属所有单位的资金，统一汇总到一个资金池中，统一调度集团内部资金，同时向上划资金的下属单位支付利息，向使用资金的下属单位收取利息的一种业务行为。

### 13.3.1 企业资金池的管理模式

企业资金池的管理模式主要财务公司管理资金池模式和企业结算中心管理资金池模式。

在财务公司管理资金池模式中，财务公司本就属于集团公司的一个子公司，其工作内容主要是集团公司内部投融资和资金信贷风险管理。

不同于财务公司的管理模式，在结算中心管理资金池模式中，财务公司并不具有独立的法人资格和金融业务经营许可证，常隶属于集团公司财务部门，工作内容主要是依托网络银行来对集团内各子公司财务群情况进行管理。

这两种不同类型的资金池管理模式，在管理过程中会涉及一系列税务风险，如果相关负责人缺少对税收法规的了解，很容易使企业资金池管理出现涉税风险。

### 13.3.2 常见的企业资金池管理税务风险

一般来说，常见的企业资金池管理税务风险有往来借款的涉税问题和资金池资金投资方式的税务问题，以及企业与资金池成员合同签订的印花税问题。

在企业资金池往来借款涉税问题上，企业资金池成员从资金池借入资金的行为属于一种资金拆借行为，根据（财税〔2016〕36号）文件附件《营业税改征增值税试点实施办法》中附的《销售服务、无形资产、不动产注释》中的相关规定，企业资金池业务中的往来借款业务属于贷款问题，需要缴纳增值税。收取利息一方需要缴纳增值税，而获得贷款服务一方不能抵扣进项税。

在资金池投资方式上，如果资金池至今采用非保本投资方式，则根据相关规定，不征收增值税。没有采取非保本投资方式的资金池，则需要征收增值税。因此，企业资金池的投资方式是否保本，是判断是否征收增值税的关键。

在企业和资金池成员合同签约的印花税问题上，企业的结算中心因为不属于金融机构的一种，所以其和资金池成员签订借款合同时，不需要缴纳印花税。但财务公司因为具有独立法人资格，所以在与资金池成员签订借款合同时，需要缴纳印花税。



### 13.3.3 资金池成员在收取资金池存款利息时的涉税问题

资金池成员在收取资金池存款利息时，不同的资金池管理模式所面临的涉税问题也是不同的。

在结算中心资金池管理模式下，资金池成员收取资金池存款利息时必须缴纳增值税。这是因为在结算中心资金池管理模式下，资金池成员从结算中心收取存款利息，是资金占用而收到的收入，根据（财税〔2016〕36号）文件相关条例的规定，必须要缴纳增值税。

但在财务公司资金池管理模式下，由于财务公司属于金融机构，因此资金池成员从财务公司取得的存款利息，与从银行获得存款利息时一样的，并不需要缴纳增值税。

此外，无论是财务公司管理模式，还是结算中心管理模式，企业与其子公司都会形成一定的关联关系。《中华人民共和国企业所得税法》规定，企业与关联方的业务往来不符合独立交易原则而减少企业或其关联方应纳税所得额的，税务机关可以按照符合独立交易原则的定价原则和方法来进行调整。

同时，根据（财税〔2008〕121号）文件规定，一般企业的关联债资比为2∶1，项目公司从资金池接受的债权性投资与权益性投资超过2∶1的部分而发生的利息支出，不能在计算应纳税所得额时扣除。如果忽略了这一点，也容易引发相应的税务风险。

### 13.3.4 规避资金池管理模式的纳税风险

上面介绍了企业资金池管理模式所涉及的风险，下面来介绍一些规避资金池管理模式纳税风险的具体措施。

1. 选择财务公司管理模式

从上面介绍来看，采用结算中心管理模式可能会出现的纳税风险较多。而采用财务公司管理模式，则可以绕开一些同样的纳税风险。因此，相对于资金池的管理运作，采用财务公司的管理模式更好一些。虽然在相关程序上要复杂一些，但从规避税务风险上，财务公司的运作模式要更合适一些。

2. 实际税负不高于境内关联方

在（财税〔2008〕121号）文件中除了规定了非金融企业的关联债资比，同时还规定：企业如果能够按照税法及其实施条例的有关规定提供相关资料，并证明相关交易活动符合独立交易原则的；或者该企业的实际税负不高于境内关联方的，其实际支付给境内关联方的利息支出，在计算应纳税所得额时准予扣除。

针对这一点，企业的财务或税务部门应该尽量给出企业的实际税负不高于境内关联方的资料，并及时与主管税务部门沟通，在规定时间内完成材料上报工作，从而确保企业所支付的利息能够在税前扣除。

3. 采取“统借统还”的税收政策

企业还可以通过“统借统还”的税收政策，在（财税〔2016〕36号）文件附件《营业税改征增值税试点过渡政策的规定》中提到，在统借统还业务中，企业集团或企业集团中的核心企业以及集团所属财务公司按不高于支付给金融机构的借款利率水平或者支付的债券票面利率水平，向企业集团或者集团内下属单位收取的利息免征增值税。统借方向资金使用单位收取的利息，高于支付给金融机构借款利率水平或者支付的债券票面利率水平的，应全额缴纳增值税。

在使用“统借统还”税收政策时，需要同时满足资金借贷双方属于同一企业集团。同时，向借款企业收取利息的利率不能高于支付给金融机构的利率水平。此外，还需要是由统借方对外借款后将所借资金分拨给下属单位，与借款企业签订统借统还贷款合同，并分拨所借人的资金。在满足了这些条件后，才能享受免征增值税的税收优惠。

企业资金池税务风险的控制，在很大程度上需要企业及时与主管税务机关进行沟通，单纯在税收法规方面想办法，很容易出现政策具体执行与自身理解产生误差的情况，到时候企业可能要承担税务风险。

## 13.4　企业并购重组过程中的常见税务风险

税务问题是企业并购重组过程中的一个重要问题，从当前企业并购重组的相关政策来看，国家对企业并购重组过程中的各项问题的监督还是比较严格的。而在税务方面，企业并购也存在着不同种类的问题，企业管理者在并购重组过程中需要了解潜在的税务风险，并及时化解相关风险。

企业并购重组之后，主体不再单一，各项事务也会变得复杂起来，这也导致了企业在并购过程中面临着较大的税务风险。因为并购对象、并购交易方式和并购会计处理规则的不同，企业所面临的税务风险也会有所不同。

一般来说，企业并购重组过程中所面临的税务风险主要有以下几种。

1. 合并亏损企业相关税务风险

在一些企业并购重组案例中，会出现一家企业吸收合并其他亏损企业的情况，甚至在一些时候，部分企业会采取吸收合并亏损企业的方法，来达到降低税务负担的目的。在这个过程中，企业会面临一定的风险。

在财政部、国家税务总局下发的《关于企业重组业务企业所得税处理若干问题的通知》（财税〔2009〕59号）中规定，企业重组的税务处理区分不同条件，分别适用一般性税务处理规定和特殊性税务处理规定。

而在一般性税务处理规定中，该通知第四条第（四）项规定，企业合并时，被合并企业的亏损不能在合并企业结转弥补。而在特殊性税务处理规定中，通知第六条第（四）项规定，企业股东在该企业合并发生时取得的股权支付金额不低于其交易支付总额的 85%，以及同一控制下且不需要支付对价的企业合并，可由合并企业弥补的被合并企业亏损的限额 = 被合并企业净资产公允价值 × 截至合并业务发生当年年末国家发行的最长期限的国债利率。

这也就是说，根据相关规定，企业在合并亏损企业时，被合并亏损企业的亏损不一定能完全在合并时得到弥补。只有那些符合特殊性税务处理规定的，被合并亏损企业的亏损才能在合并企业中限额弥补。

| 企业重组同时符合下列条件的，适用特殊性税务处理规定： |
| --- |
| （一）具有合理的商业目的，且不以减少、免除或者推迟缴纳税款为主要目的 |
| （二）被收购、合并或分立部分的资产或股权比例符合《关于企业重组业务企业所得税处理若干问题的通知》（财税〔2009〕59 号）规定的比例 |
| （三）企业重组后的连续 12 个月内不改变重组资产原来的实质性经营活动 |
| （四）重组交易对价中涉及股权支付金额符合通知规定比例 |
| （五）企业重组中取得股权支付的原主要股东，在重组后连续 12 个月内，不得转让所取得的股权 |

从上面适用特殊性税务处理规定的企业重组来看，如果企业不以合理的商业目的进行企业重组，而单纯以降低税负为目的去合并亏损企业，就很容易被税务机关认定为一般重组，被合并企业的亏损便无法在合并企业中得到弥补。

2. 被并购企业未承担相应债务

根据《中华人民共和国公司法》第一百七十四条规定，公司合并时，合并各方的债权、债务，应该由合并后存续的公司，或者新设立的公司承继。

根据这一规定，如果被合并的企业没有承担应该负担的债务，由于企业合并后，继承关系的存在，合并后的企业就会承担合并前企业的一些税务风险和债务负担。

3. 被收购方未缴纳企业所得税

根据财政部、国家税务总局下发的《关于企业重组业务企业所得税处理若干问题的通知》（财税〔2009〕59号）的规定，按照一般性税务处理规定的企业重组，被收购方收取收购方的股权支付形式所对应的转让所得需要缴纳企业所得税。而按照特殊性税务处理的企业重组，被收购方收取收购方的股权支付形式所对应的转让所得暂免企业所得税。

如果是被收购方收取收购方的非股权支付形式所对应的转让所得，则必须要缴纳企业所得税。

一些企业单纯为了追求企业所得税减免，而进行企业重组。对于这种情况，税务机关可以根据相关规定，将其认定为一般性税务处理，从而要求被收购方缴纳转让所得的企业所得税。

4. 未向税务机关提供相关资料

根据财政部、国家税务总局下发的《关于企业重组业务企业所得税处理若干问题的通知》（财税〔2009〕59号）的规定，企业发生符合通知规定的特殊性重组条件并选择特殊性税务处理的，当事各方应在该重组业务完成当年企业所得税年度申报时，向主管税务机关提交书面备案资料，证明其符合各类特殊性重组规定的条件。企业未按规定书面备案的，一律不得按特殊重组业务进行税务处理。

如果重组企业没有向当地税务机关提供必要的材料，来证明自身的企业重组行为符合特殊重组业务的相关规定，则无法享受到特殊性税务处理的相关优惠政策。

在企业经营管理过程中，企业重组的原因有很多，但归根结底，企业的目标只有一个，那就是追求利润的最大化。在企业重组过程中，税务风险将会影响到企业利润的获得，因此，企业在重组过程中一定要重视税务风险问题，并采取相应的防范措施。

## 13.5 企业并购重组相关税务风险防控

在上一节中，我们详细介绍了企业并购重组过程中，可能会出现的一些税务风险问题。从其产生的原因上看，这些问题通过相应的对策和手段，是可以避免的。

一般来说，基于对企业并购重组过程中相关税务风险的分析，可以采取下列手段来控制这些税务风险的发生。

1. 在并购重组前开展充分调查

企业并购重组的很多税务风险，都是由于整个过程中信息不对称所导致的。想要解决这一问题，就要在并购重组之前尽可能多地了解被兼并企业的信息。因此，兼并企业应该事前对被兼并企业开展相关税务合规性调查。

完善的税务合规性调查主要表现在两个方面，一是税务合规状况的调查，一是税务健康状况的检查。

税务合规状况调查，主要就是按照企业并购重组过程中，所适用的相关税务规定来对目标企业进行调查。从而了解其整体的税负情况，了解并购重组过程中可以使用的相关税收优惠政策，比对其税收管理流程是否符合法律规定。掌握这些资料之后，才能更好地开展并购重组工作，降低整个过程中的税务风险，也能在并购重组完成后更好地开展税务管理工作。

税务健康状况调查需要在税务合规状况调查的基础上进行，主要是进一步调查目标企业的税务履行情况，其中包括其欠缴税款情况、税收优惠的合法性等问题。开展税务健康状况调查一定要结合税务机关关于该企业的纳税完整报告，以及该企业所提供的相关税务凭证进行。

此外，对于目标公司可能存在的应该履行但未履行的纳税义务进行全面评估，降低收购企业的成本，从而有效防范并购过程中可能出现的税务风险。

2. 相关税务专业问题邀请税务专家进行分析评估

在企业并购重组过程中，会涉及许多税务问题，其中一些问题需要具有法律和会计等专业知识的专家来解决。

为了更好地完成事前调查工作，企业可以将并购重组过程中可能发生的涉税问题，交给税收专家或税务律师处理。同时，可以邀请税务专家对事前调查结果进行风险分析，从而给出专业的并购重组规划方案。

3. 用好并购重组过程中的相关优惠条件

在企业并购重组过程中，在符合一定条件后，可以享受到相应的优惠政策。当然，正如上面提到的，如果企业在并购重组过程中，无法向税务机关及时准确地提供完备的资料，就没有办法享受相关优惠政策。同时，还有可能因此而引发不必要的税务风险。

对此，企业在并购重组工作开展之前，就应该考虑好整个过程中需要准备的材料。同时，还要准确把握满足税法规定特殊重组所具备的条件。

企业为了扩大规模，获取更多的利润，经常会采取并购重组的方式。通过这种方式确实能帮助企业扩大规模，增强市场竞争力，但如果并购重组过程处理不当，也会为企业带来一定的税务风险。因此，企业在开展并购重组工作时，应该认真了解税法相关规定，掌握应对税务风险的具体方法。这样才能做到有备无患，达到并购重组的目的。

# 第 14 章　物资采购中存在的风险与防控

## 14.1　采购合同和发票管理的税务风险

签订合同是企业在物资采购环节中的重要工作，对于税务机关来说，确定企业业务是否需要缴税，按照什么标准缴税，不仅要看企业的会计核算和操作是否合规，还要看企业所签订的合同是否合法。因此，企业如果不重视合同管理工作，很容易在合同签订过程中出现税务风险。

在企业经营活动的不同阶段，所涉及的合同是不同的，由此可能引发的税务风险也是不相同的。从整体来看，企业经济合同的税务风险主要表现在纳税义务风险、纳税时间风险、税收发票风险、关联交易风险和税收成本风险等几个方面。

### 14.1.1　物资采购中常见的税务风险

在物资采购方面，常见的税务风险则主要以税收发票风险和纳税时间风险为主。

1. 物资采购阶段未取得发票

当前我国的税收征管主要实行“以票控税”，因此，开具和取得发票就成为物资采购过程中的重要环节。

在企业所得税的税前扣除中需要发票，购货方抵扣增值税进项税额时，同样需要取得相应的发票。

如果在物资采购过程中，双方未签订购销合同等相关文件，那发票就成了唯一证明经济业务发生的凭据。在税务机关检查时，如果企业无法提供相应发票，将会受到税务机关的处罚。

2. 发票是否含税、是否合规的风险

在物资采购过程中，一些企业的采购人员因为缺少必要的税务知识，在采购过程中，只知道关注合同价款的问题，而会忽视合同价款是否为含税价款。

合同价款是否含税，对企业缴纳税额和抵扣税额有重要影响。为此，企业在签订合同时，一定要对合同价款是否含税进行说明。

此外，在物资采购过程中，一些供应商所提供的发票，由于不符合相关法律的规定，导致企业无法利用发票来进行税前抵扣。由此可能会引发一系列税务问题，还会为企业带来较大的经济损失。

3. 结算方式和增值税延期缴纳风险

国家税务总局在 2011 年 7 月 15 日发布的《关于增值税纳税义务发生时间有关问题的公告》规定，纳税人生产经营活动中采取直接收款方式销售货物，已将货物移送对方并暂估销售收入入账，但既未取得销售款或取得索取销售款凭据也未开具销售发票的，其增值税纳税义务发生时间为取得销售款或取得索取销售款凭据的当天；先开具发票的，为开具发票的当天。

此外，增值税的纳税期限分别为 1 日、3 日、5 日、10 日、15 日、1 个月或者 1 个季度。纳税人的具体纳税期限，由主管税务机关根据纳税人应纳税额的大小分别核定；不能按照固定期限纳税的，可以按次纳税。

纳税人以 1 个月或者 1 个季度为 1 个纳税期的，自期满之日起 15 日内申报纳税；以1日、3日、5日、10日或者15日为1个纳税期的，自期满之日起5日内预缴税款，于次月1日起15日内申报纳税并结清上月应纳税款。

在进行物资采购时，企业应该根据这两条规定来合理安排纳税期限，并在规定的纳税期限中缴纳增值税。如果出现增值税延期缴纳的情况，企业还可能会承担上缴滞纳金的风险。

### 14.1.2 物资采购阶段合同发票税务风险规避

从上面提到的物资采购阶段的税务风险来看，企业在防范合同税务风险时，只要做好两方面的工作就足够了：一是选择税务情况良好的供应商，再就是在签订合同和开具发票时规范、严谨。具体来说，企业可以采取以下方式来合理规避物资采购阶段合同发票中所涉及的税务风险。

1. 明确按规定提供发票的义务

企业在向供应商采购货物时，应在合同中明确供应商需要按规定提供发票的义务。这就要求企业在选择供应商时，尽量选择能够提供正规发票，且税务情况良好的供应商，而不单单从合同价款方面去挑选供应商。

2. 明确供应商提供发票的时间

在物资采购过程中，不同的结算方式会影响发票的开具时间。为此，企业必须结合自己的实际情况，在采购合同中明确结算方式。同时，还应该在合同中明确供应商提供发票的具体时间。

3. 明确发票开具的类型、要求

根据税法相关规定，同一税种的不同税目，在税率上也会有一定的差别。而一些供应商在开具发票时，为了承担更少的税负，往往会选择开具低税率的发票，或者开具一些与自身业务并不相符的发票。根据相关法规规定，通过这种方式所开具的发票是不符合规定的发票。

对此，企业在签订采购合同中，一定要明确供应商开具发票的类型和相关要求，这样才能避免出现相应的税务问题。



4. 明确不符合规定的发票所带来的赔偿责任

出于各种原因，企业可能会无法获得发票，或取得不符合规定的发票，这都会为企业带来一定的经济损失。为了避免这种情况的发生，在签订合同时，企业应该明确供应商对发票问题的赔偿责任，降低自身的经济风险。

企业只有在采购合同上严格把关，才能有效避免可能发生的一系列税务问题。为此，在进行物资采购时，提高相关采购人员的税务知识水平也是十分必要的。

## 14.2 识别和避免虚开增值税发票

近年来，虚开增值税专用发票的违法案件频发。在虚开增值税专用发票的违法案件中，一部分企业是出于非法目的，让他人为自己虚开发票，以此来抵扣增值税进项税额；另一部分企业则是因为开票方的发票被认定为虚开或不符合规定，而无法抵扣进项税额，只能自己承担损失。

针对虚开增值税专用发票案件，税务机关加大了对相关违法行为的打击力度，这在一定程度上规范了增值税专用发票的开具行为，也降低了一些用票企业的损失。

第一种情况是税务机关打击的重点违法行为；而第二种情况，则需要企业提高发票合规意识，重视因发票违规所引发的税务风险，做好税务风险的规避工作。

一般来说，向企业开具发票的单位和个人大多是为企业提供了商品或者劳务，因此，虚开增值税专用发票的往往是企业的供应商，且此种行为多发生在物资采购阶段。对此，企业在注重发票风险管理的同时，还应该注重对供应商的管理。

对于下面几种供应商，企业应该更为严格地审查其资质以及发票开具行为。

1. 新成立的供应商

从一些虚开增值税发票的违法案例来看，新成立的供应商如果与企业存在大额的业务往来，该供应商很有可能是一些人所掌握的开票平台。

一般来说，一个企业在刚成立时，往往会有一个业务扩张的阶段，很难有企业敢与新成立的企业直接开展大额业务。因此，对于新成立的供应商，企业在与其合作时一定要保持警惕，防止出现发票风险。

2. 核算地、货源存放地和货物实际交易地分离的供应商

这类供应商常被称为“两头在外”的企业，税务机关在进行税务稽查时，常将这些企业作为重点监察对象。这种企业也常被违法分子当作开票工具。

如果企业发现供应商的货物存放地或货物来源地与其核算地分离，就一定要仔细审核该供应商是否有货物所有权。同时，还需要查看其资质是否真实，货物款项的流转是否存在不正常的地方。

3. 实际提供的商品和劳务超出其经营范围的供应商

从严格意义上来讲，供应商实际提供的商品或劳务，超出了其经营范围，并不一定意味着其在经营上出现了违法行为，而且税务机关也无权禁止企业超出其经营范围开展业务。

但如果供应商提供的实际商品和劳务与其经营的主业相去甚远，与之合作的企业就需要仔细核查该企业是否存在违法行为等。

对于实际提供的商品和劳务超出经营范围的供应商，虽然并不一定存在涉税违法情形，但风险较大，企业应该特别注意与其展开合作。

在防控与发票相关的税务风险时，企业不能将目标只局限在物资采购部门的供应商，而应该将范围扩大到所有为企业提供商品和服务的企业。在与其合作过程中，企业需要对全部的供应商进行资质审核和发票风险审核，最大程度上降低可能会发生的税务风险。

## 14.3 进项税额处理的风险防控

在全面“营改增”之后，抵扣进项税额成了纳税人普遍关注的问题。伴随着相关政策的出台，一些纳税人可以抵扣进项税额，一些企业则因为超范围抵扣进项税额，而被税务机关惩处。

根据《中华人民共和国增值税暂行条例》第八条第一款规定，纳税人购进货物、劳务、服务、无形资产、不动产支付或者负担的增值税额，为进项税额。

根据财政部和国家税务总局《关于全面推开营业税改征增值税试点的通知》（财税〔2016〕36号）文件的附件《营业税改征增值税试点实施办法》规定，进项税额是指纳税人购进货物、加工修理修配劳务、服务、无形资产或者不动产，支付或者负担的增值税额。

在进项税额抵扣方面，一些纳税人存在着明显的误读，认为只要取得合法有效的扣税凭证，就能够抵扣所有的进项税额。事实上，纳税人还需要准确把握进项税额的抵扣范围。只有搞清楚具体可以抵扣的范围，才能防止抵扣超出界限，引发出不必要的税务风险。

《交通运输业和部分现代服务业营业税改征增值税试点实施办法》中规定，非增值税应税项目、免征增值税项目、集体福利或个人消费的购进货物、接受加工修理修配劳务或应税服务，以及适用简易计税方法计税的项目等，是不能抵扣进项税额的。

一般来说，在具体实践中，较为常见的进项税额抵扣风险有以下几种。

1. 没有按照规定时间认证扣税凭证或抵扣进项税额

根据国家税务总局《关于进一步明确营改增有关征管问题的公告》（国家税务总局公告2017年第11号）规定，自2017年7月1日起，增值税一般纳税人取得的2017年7月1日及以后开具的增值税专用发票和机动车销售统一发票，应自开具之日起360日内认证或登录增值税发票选择确认平台进行确认，并在规定的纳税申报期内，向主管国税机关申报抵扣进项税额。

在两种情况下，进行税额是无法抵扣的：一种是纳税人没有按期认证或采集上报信息的扣税凭证；另一种则是对已经认证或已经采集上报信息的扣税凭证，由于规定的客观原因之外的其他原因，造成没有按期申报抵扣增值税进项税额的。

纳税人应及时与税务部门沟通，按照固定时限认证和采集上报信息，同时按期申报抵扣增值税进项税额，以免错过认证、采集和抵扣的有效时机。

2. 未达到增值税一般纳税人的管理要求

纳税人如果不符合增值税一般纳税人的要求，那么其取得的所有扣税凭证，都无法抵扣进项税额。一般来说，会计核算不健全，不能提供准确税务资料，或应当申请办理一般纳税人资格认定而没有申请的纳税人，都不得抵扣进项税额，也不能使用增值税专用发票。

3. 失控发票或异常凭证风险

失控发票主要是指防伪税控企业丢失或被盗金税卡中没有开具的发票，或者是被列为非正常户的防伪税控企业，没有向税务机关申报或没有按规定缴纳税款的发票。如果纳税人手中的发票属于失控发票，便不能作为增值税扣税凭证。

走逃企业存续经营期间，异常凭证主要包含以下情况：商贸企业购进、销售货物名称严重背离；生产企业没有实际生产加工能力且无委托加工，或生产能耗与销售情况严重不符；生产企业购进货物并不能直接生产其销售货物且无委托加工；走逃失踪，不进行纳税申报；进行纳税申报，但通过填列增值税纳税申报表相关栏次，进行虚假申报。

上述情形中所取得的增值税扣税凭证即为异常凭证，增值税一般纳税人获得异常凭证后，如果没有申报抵扣或申报出口退税的，暂时不允许抵扣或办理退税。如果已经完成申报抵扣的，需要作为进项税额转出。

## 14.4 “四流”不一致的风险防控

在企业物资采购过程中，“四流不一致”的现象常有发生。这里的“四流”主要指物流、合同流、资金流和票流。在企业经营过程中，如果出现了“四流不一致”的情况，很容易引发相应的税务风险。

“四流不一致”的企业一向是税务机关关注的重点，一旦出现“四流不一致”的情况，很容易被认为是没有发生真实交易行为，涉嫌虚开增值税发票。企业不仅无法抵扣增值税进项税额，而且还可能担上虚开增值税专用发票的罪名。

一般来说，与“四流”问题相关的税收政策主要有：国家税务总局发布的《关于纳税人对外开具增值税专用发票有关问题的公告》（国家税务总局公告 2014 年第 39 号），以及《关于加强增值税征收管理若干问题的通知》（国税发〔1995〕192 号）文件。

在国家税务总局公告 2014 年第 39 号文件中，提到了一些对外开具增值税专用发票的特殊情形。

（1）纳税人向受票方纳税人销售了货物，或者提供了增值税应税劳务、应税服务。

（2）纳税人向受票方纳税人收取了所销售货物、所提供应税劳务或者应税服务的款项，或者取得了索取销售款项的凭据。

（3）纳税人按规定向受票方纳税人开具的增值税专用发票相关内容，与所销售货物、所提供应税劳务或者应税服务相符，且该增值税专用发票是纳税人合法取得、并以自己名义开具的。

对外开具增值税专用发票同时符合上面这些情形的，不属于对外虚开增值税专用发票。同时，这些增值税专用发票也可以作为增值税扣税凭证来抵扣进项税额。

而在国税发〔1995〕192 号文件中规定，纳税人购进货物或应税劳务，支付运输费用，所支付款项的单位，必须与开具抵扣凭证的销货单位、提供劳务的单位一致，才能够申报抵扣进项税额，否则不予抵扣。

这一条款可以看作是“四流一致”规定的源头，条款中“所支付款项的单位，必须与开具抵扣凭证的销货单位、提供劳务的单位一致”，也就是说，合同中的劳务提供方与发货人、开票单位和实际收款单位必须统一，才能够抵扣增值税进项税额。

从上述规定中可以看出，物流、合同流、资金流和票流间的“四流合一”是企业抵扣增值税进项税额和规避虚开增值税专用发票问题的重要保证。如果“四流”不一致，就会出现相应的税务风险，下面我们通过具体案例来分析一下此类税务风险的应对措施。

A企业与B企业达成了一项建筑材料买卖合同，A企业在支付相应价款后，获得了B企业开具的增值税专用发票。由于B企业与C企业存在长期框架协议，协议规定：B企业采购C企业的建筑材料，放置在C企业的仓库中，如果B企业销售相关建筑材料时，由C企业直接从仓库给购买方发货。同时双方还规定，C企业给B企业开具增值税专用发票，而B企业直接给A企业开票。

在上述案例中，A企业与B企业之间存在交易行为，所以存在合同流、资金流和票流，但显然不存在物流，因为真正发货的是C企业，而不是B企业。这样，就出现了“四流”不一致的情况，A企业很有可能面临着虚开增值税发票，无法抵扣进项税额的风险。

在面对这种情况时，A企业想要规避可能发生的税务风险，就需要在采购合同签订时做好准备。如果采购合同完成，发票开出后，再去做工作，就为时已晚。

首先，在采购合同中，必须要表明发货人条款，即注明A企业收到的货物的发货人是B企业长期合作的供应货源的C企业。

其次，在采购合同中还需要强调一下C企业发货给A企业的主要原因，这是因为B企业和C企业之间存在着长期采购合作框架协议。

在采购合同中补充这两点，就能将物流和其他“三流”相对应，避免出现上面提到的税务风险。

# 第 15 章　实现收入时存在的风险与防控

## 15.1　违约金和价外费用的纳税风险与防控

甲公司准备向乙公司购买一批货物，双方签订合同，并约定价款为10万元，甲公司需要在收到货物5天内完成付款。由于各种原因，甲公司在收到货物30天后，才向乙公司支付货款。根据合同规定，甲公司还需要向乙公司支付1万元违约金。

在上述案例中，乙公司收到的违约金与其正常经营活动并没有直接关系，根据会计准则要求，在计算时应该作为营业外收入处理。

在企业经营活动中，经常会出现支付或收取违约金、赔偿金的情况。一般来说，支付违约金的情况主要有两种，一种是销售方违约而向采购方支付违约金，另一种则是采购方违约而支付给销售方的违约金。这两种支付违约金情况，都会涉及一定的税务风险。

1. 增值税

在增值税方面，其主要风险体现在收取违约金的一方是否需要为此缴纳增值税。

根据《中华人民共和国增值税暂行条例》的规定，销售额为纳税人销售货物或者应税劳务向购买方收取的全部价款和价外费用，但不包括收取的销项税额。

根据《中华人民共和国增值税暂行条例实施细则》的规定，价外费用包括价外向购买方收取的手续费、补贴、基金、集资费、返还利润、奖励费、违约金、滞纳金、延期付款利息、赔偿金、代收款项、代垫款项、包装费、包装物租金、储备费、优质费、运输装卸费以及其他各种性质的价外收费。

由于销售方向采购方收取的违约金属于一种价外费用，所以必须要缴纳增值税，同时还需要向采购方开具增值税专用发票或销售普通发票。

反过来，如果是销售方出现违约，而向采购方支付违约金，由于采购方收取违约金并不构成增值税的纳税义务，所以不需要缴纳增值税，也不需要向采购方开具发票。

2. 企业所得税

在企业所得税方面，其主要风险体现在支付违约金的一方如何在企业所得税前进行扣除，以及收取违约金是否需要缴纳企业所得税。

关于是否缴纳企业所得税的问题，根据《中华人民共和国企业所得税法实施条例》规定，其他收入是指企业取得的除企业所得税法第六条第（一）项至第（八）项规定的收入外的其他收入，包括企业资产溢余收入、逾期未退包装物押金收入、确实无法偿付的应付款项、已作坏账损失处理后又收回的应收款项、债务重组收入、补贴收入、违约金收入、汇兑收益等。

从上面规定中可以看出，企业所取得的违约金收入属于企业的其他收入所得，应该并入当期应纳税所得额中，根据相应的税率计算缴纳企业所得税。

关于违约金在企业所得税前进行扣除的问题，根据《中华人民共和国企业所得税法》规定，企业实际发生的与取得收入有关的、合理的支出，包括成本、费用、税金、损失和其他支出，准予在计算应纳税所得额时扣除。

很显然，企业支付给对方的违约金，属于企业在正常生产经营过程中发生的与取得，与生产经营收入有关的、合理的支出。因此，企业所支付的违约金允许在企业所得税税前扣除。

企业违约金和价外费用所涉及的纳税风险主要是增值税缴纳和企业所得税缴纳两个方面，为了更好地应对可能发生的涉税风险，企业需要做好这两方面的税务处理工作。



## 15.2 手续费和佣金的纳税风险与防控

在市场竞争中，企业为了获得利润最大化，增强自身实力，会在经营上采取业务提成或佣金的方式激励发展。一些企业因为缺少专业的税收知识，不清楚如何对手续费和佣金进行会计处理，所以为自身带来了很多不必要的税务风险。

手续费主要是指为他人代理办理相关事项所收取的一种劳务补偿。对于委托人来讲，这是一种因他人代为办事而支付的相应酬劳。

根据不同的分类，手续费主要包括银行服务、证券、期货、保险、融资租赁、拍卖、代销等。

佣金主要是指在市场交易中给予为其提供服务的中间人的劳务报酬，在这里，中间人需要具有合法的经营资格。

手续费和佣金都属于服务性收入，不同之处在于，手续费是受委托人为委托人提供了具体的服务，而佣金则是中间人帮助交易双方获得了交易的商业机会。

从手续费和佣金的定义来看，想要详细区分二者并不容易。也正因如此，在对手续费和佣金进行征收管理时，并没有分别作出规定，而是将二者合并在一起加以税务管理。

一般来说，对于企业税前扣除手续费和佣金的规定，主要体现在财政部和国家税务总局发布的《关于企业手续费及佣金支出税前扣除政策的通知》（财税〔2009〕29 号）之中。在实际操作中，由于企业的税务管理人员不能充分理解税收政策的相关规定，常常会出现一些税务风险。

1. 风险一：所有的佣金和手续费支出都可以税前扣除

企业会计制度规定了一些手续费和佣金支出的扣除标准，一些企业在进行税前扣除时，往往依据会计制度的规定直接扣除。但实际上，企业的手续费和佣金支出是否需要进行纳税调整，还要根据相关税法的规定。

在财税〔2009〕29 号文件中，对手续费和佣金支出的扣除比例有着明确的规定，除此之外，还规定了一些具体的税前扣除情况。

第二条中提到：

企业应与具有合法经营资格中介服务企业或个人签订代办协议或合同，并按国家有关规定支付手续费及佣金。除委托个人代理外，企业以现金等非转账方式支付的手续费及佣金不得在税前扣除。企业为发行权益性证券支付给有关证券承销机构的手续费及佣金不得在税前扣除。

第四条规定：

企业已计入固定资产、无形资产等相关资产的手续费及佣金支出，应当通过折旧、摊销等方式分期扣除，不得在发生当期直接扣除。

由此可以看出，企业对手续费和佣金支出进行税前扣除，除了不能超过固定的比例，还需要满足一定的条件。

2. 风险二：手续费和佣金支出税前扣除标准都按照企业当年全部收入的 5% 计算限额扣除

财税〔2009〕29 号文件规定，财产保险企业按当年全部保费收入扣除退保金等后余额的 15%（含本数，下同）计算限额，人身保险企业按当年全部保费收入扣除退保金等后余额的 10% 计算限额。

而在国家税务总局发布的《关于企业所得税应纳税所得额若干税务处理问题的公告》中规定，电信企业在发展客户、拓展业务等过程中（如委托销售电话入网卡、电话充值卡等），需向经纪人、代办商支付手续费及佣金的，其实际发生的相关手续费及佣金支出，不超过企业当年收入总额 5% 的部分，准予在企业所得税前据实扣除。

除了这两种情况之外，其他企业需要按照与具有合法经营资格中介服务机构或个人（不含交易双方及其雇员、代理人和代表人等）所签订服务协议或合同确认的收入金额的5%计算限额。因此，单纯按照企业当年全部收入总额的比例去计算税前扣除限额并不正确。



3. 风险三：手续费和佣金支出与回扣、业务提成等名目混淆

财税〔2009〕29号文件规定，企业不得将手续费及佣金支出计入回扣、业务提成、返利、进场费等费用。

该规定主要是为了防止企业将存在税前扣除限额的项目混在据实扣除的项目之中，如果企业出现了这种行为，违反了相关规定，就将受到相应的处罚。

## 15.3 总分公司移送货物的纳税风险与防控

### 15.3.1 总分公司移送货物在增值税方面的风险和防控

为了满足生产需要，在总分公司之间移送货物是一种常见现象，而其中所涉及的纳税风险也是较为常见的。总分公司移送货物过程中可能出现的纳税风险主要是该种行为是否要视同销售，是否需要缴纳增值税。

对于这一问题，税法的规定是相对明确的，《中华人民共和国增值税暂行条例实施细则》中规定，设有两个以上机构并实行统一核算的纳税人，将货物从一个机构移送到其他机构用于销售的，应该视为视同销售货物，但如果相关机构设在同一个县（市）的除外。也就是说，相关机构设在同一个县或者同一个县级市的总分公司移送货物，并不属于视同销售货物。

在上述规定中提到了“用于销售”和“统一核算”两个概念，搞清楚这两个概念，对于规避总分机构间货物移送的税务风险，具有很重要的意义。

在国家税务总局发布的《关于企业所属机构间移送货物征收增值税问题的通知》中规定，用于销售是指受货机构发生以下情形的经营行为：

（1）向购货方开具发票；

（2）向购货方收取货款。

如果受货机构的货物移送出现上述两种情形之一，就需要向当地的税务机关缴纳增值税。没有发生上述情形的，则统一由总机构缴纳增值税。

如果受货机构只对部分货物向购方开具发票，或者是收取货款，那就应该区分不同情况分别缴纳税款。

而在“统一核算”上，统一核算就是以总公司为一个会计主体进行会计核算，分支机构一般不独立核算。因此实行统一核算的总分机构，一般都是小规模纳税人。

根据《增值税一般纳税人资格认定管理办法》的规定，如果总分机构为一般纳税人，那总分机构都应该进行独立和算，而不能进行统一核算。对于进行独立核算的总分机构间的货物移送行为，与一般企业货物移送的会计处理一致。

在了解了这两个概念之后，就要考虑是否在同一县（市）之间移送货物。根据上述规定，如果总分机构实行统一核算，且同处于一个县（市），货物移送行为，不管是否用于销售，都不需要缴纳增值税。但如果不处于同一个县（市），则需要区分情况。

实行统一核算不在同一县（市）的总分机构间的货物移送，如果受货机构在接收货物后，向购货方开具发票，或者是收取了货款，那移送机构的行为就要视同销售，需要缴纳增值税。相反，如果货物移送不用于销售的，移送机构便不需要缴纳增值税。

此外，在总分机构间出现的无偿划拨行为，相关税法文件也进行了规定。在《中华人民共和国增值税暂行条例实施细则》中规定，将自产、委托加工或者购进的货物无偿赠送其他单位或者个人，应视同销售货物。鉴于此项规定，总分机构应对视同销售货物缴纳增值税。

如果总分机构之间，在货物移送过程中向对方收取价款，那此种货物移送行为则属于有偿转让货物，即为销售货物行为，需要缴纳相应的增值税。此外，由于总分机构属于关联方，双方应该根据《中华人民共和国税收征收管理法》的规定，按照独立交易原则来确认转让价款。如果不按照相关规定执行，税务机关有权对其进行合理调整。



### 15.3.2 总分公司移送货物在企业所得税方面的风险和防控

除了在增值税方面的涉税风险，总分机构间的货物移送行为还应该注意企业所得税方面的涉税风险。

一般来说，将资产在总机构和分机构之间转移，除非将资产转移到境外，其他情况时，资产所有权属在形式和实质上都没有发生改变，所以可以作为内部处置资产，不需要视同销售确认收入。

但也有一些特殊情况，如果非法人分支机构以总机构名义进行生产经营活动，却无法提供有效证据证明其分支机构身份的，该分支机构应该视同为独立纳税人，需要单独缴纳企业所得税。

在上述情形中，分支机构向总机构移送货物时，资产所有权属并没有发生改变，但仍然需要视同销售。这一点，企业税务管理人员应该多多关注、多多重视。

# 第 16 章　企业成本费用的风险与防控

## 16.1　职工薪酬、福利费用核算的纳税风险

对于企业来说，职工薪金和福利费用核算是一项基础的会计工作，但在一些会计实务中，由于各种原因，这种基础性工作上的失误，也会给企业带来一定的纳税风险。

下面通过具体的案例，来了解一下职工薪酬和福利费用核算中，可能会发生的一些纳税风险。同时，针对具体的纳税风险，介绍一些相应的防控措施。

**案例一：**

小王在一家企业做会计，在计算员工工资时，他将通信费补助、交通费补助、午餐补助作为职工福利，在企业所得税前，按照职工福利费的标准进行了扣除。而在代扣代缴职工个人所得的时候，没有考虑这部分补助。

小王的同学小李在另一家公司做会计，在计算员工工资时，他将这些费用作为职工薪金的一部分，在企业所得税前根据实际发放的职工工

资进行了扣除。而在代扣代缴职工工资时，他又将这部分补贴一并计入工资总额中，作为了计算个人所得税的计税依据。

很显然，这是两种截然不同的处理员工福利补贴的方法。究竟应该将这些补贴作为工资薪金来列支，还是应该作为职工福利费用来列支？这些补贴是否需要缴纳相应的个人所得税？这都是会计人员需要考虑的。

如果将这些补贴作为工资薪金列支，企业就能够把这些合理的工资薪金支出在企业所得税前进行扣除。如果这些补贴作为福利支出，企业只能对不超过工资薪金总额 14% 的部分在企业所得税前扣除。两种不同的处理方法，会影响到企业所得税的缴纳。

到底应该如何划分这些补贴，还需要从相应的税收政策中找依据。

国家税务总局发布的《关于企业工资薪金及职工福利费扣除问题的通知》（国税函〔2009〕3 号）规定，企业职工福利费主要包括以下内容：

（1）尚未实行分离办社会职能的企业，其内设福利部门所发生的设备、设施和人员费用，包括职工食堂、职工浴室、理发室、医务所、托儿所、疗养院等集体福利部门的设备、设施及维修保养费用和福利部门工作人员的工资薪金、社会保险费、住房公积金、劳务费等。

（2）为职工卫生保健、生活、住房、交通等所发放的各项补贴和非货币性福利，包括企业向职工发放的因公外地就医费用、未实行医疗统筹企业职工医疗费用、职工供养直系亲属医疗补贴、供暖费补贴、职工防暑降温费、职工困难补贴、救济费、职工食堂经费补贴、职工交通补贴等。

（3）按照其他规定发生的其他职工福利费，包括丧葬补助费、抚恤费、安家费、探亲假路费等。

而在国家税务总局发布的《关于企业工资薪金和职工福利费等支出税前扣除问题的公告》（国家税务总局公告 2015 年第 34 号）文件中，又规定列入企业员工工资薪金制度、固定与工资薪金一起发放的福利性补贴，符合《国家税务总局关于企业工资薪金及职工福利费扣除问题的通知》（国税函〔2009〕3号）第一条规定的，可作为企业发生的工资薪金支出，按规定在税前扣除。不能同时符合上述条件的福利性补贴，应作为国税函〔2009〕3号文件第三条规定的职工福利费，按规定计算限额税前扣除。

从上述一系列政策规定来看，决定补助费用应该划分到哪个部分，主要看其是否符合国家税务总局公告2015年第34号文件的规定。符合规定的可以列为工资薪金支出，在税前进行扣除，而企业应为员工代扣代缴个人所得税；不符合规定的需要作为职工福利费，根据规定在税前进行扣除。

**案例二：**

甲企业在每年春节和中秋节等传统节日期间，都会向一些离退休人员发放礼品表示慰问。会计人员在做账时，会直接将这部分费用作为职工的福利费用列支，并在企业所得税前扣除。

根据《中华人民共和国企业所得税法实施条例》的相关规定，甲企业会计人员的这种做法是错误的。企业为离退休人员发放礼品，应该属于与企业取得收入不直接相关的支出，不能在企业所得税前扣除。

如果企业将这笔支出作为福利费用支出，并在企业所得税前进行了扣除，那就会造成多列支出，少缴纳企业所得税的情况，存在一定的纳税风险。情况严重的话，还可能会被认定为逃税。

对于这种情况，企业应该将这笔支出作为营业外支出。根据企业所得税的相关规定，这笔支出不能在税前进行扣除，所以企业可以在申报企业所得税时，将这笔支出做纳税调增，并在相应申报表中填写相关内容。

在进行企业职工薪酬和福利费用核算时，应该根据相关政策法规来进行，深入理解法规内容。如果对法规内容理解不清，可以及时与主管税务机关沟通，避免出现不必要的纳税风险。

## 16.2 研发费用加计扣除的政策演变与纳税风险

在高技术企业发展过程中，由于技术研发费用投入相对较高，计算技术研发费用加计扣除的意义就更为重要。

企业技术研发费用加计扣除这一税收优惠政策，主要是为了促进企业加大研发投入，提高自主创新能力。但在计算技术研发费用加计扣除过程中，如果不遵照相关税法规定，很容易出现一系列税务风险。多缴或少缴税款都会对高新技术企业的发展带来不利影响，严重的还会降低高新技术企业在市场中的核心竞争能力。

我国最早的关于企业技术研发费用加计扣除的政策，是1996年财政部和国家税务总局发布的《关于促进企业技术进步有关财务税收问题的通知》（财工字〔1996〕41号）文件。其中提到：

企业研究开发新产品、新技术、新工艺所发生的各项费用应逐年增长，增长幅度在10%以上的企业，可再按实际发生额的50%抵扣应税所得额。具体抵扣办法，由国家税务总局另行制定。

随着我国税收法律法规体系的不断完善，针对企业技术研发费用加计扣除的相关政策法规也发生了一系列变化。

首先，在2003年，财政部和国家税务总局发布《关于扩大企业技术开发费加计扣除政策适用范围的通知》（财税〔2003〕244号）文件，该通知规定：

财政部、国家税务总局《关于扩大企业技术进步有关财务税收问题的通知》（财工字〔1996〕41号）和《国家税务总局关于促进企业技术进步有关税收问题的补充通知》（国税发〔1996〕152号）中，关于盈利工业企业研究开发新产品、新技术、新工艺所实际发生的费用比上一年度实际发生额增长幅度在10%以上的（含10%），除按规定据实列支外，可再按当年实际发生额的50%抵扣企业当年应纳税所得额的规定，其适用范围扩大到所有财务核算制度健全、实行查账征收企业所得税的各种所有制的工业企业。

这一政策的出台将企业技术研发费用加计扣除的适用范围扩大到了“所有财务核算制度健全、实行查账征收企业所得税的各种所有制的工业企业”。而在2006年，财政部和国家税务总局发布的《关于企业技术创新有关企业所得税优惠政策的通知》（财税〔2006〕88号）文件中，又进一步将适用范围扩大到了“财务核算制度健全、实行查账征税的内外资企业、科研机构、大专院校等”。

此后，在《中华人民共和国企业所得税法》中，研发费用加计扣除优惠政策以法律形式得到了确认。2008年，国家税务总局发布《企业研究开发费用税前扣除管理办法（试行）》（国税发〔2008〕116号），对企业技术研发费用加计扣除作出了详细规定。

到了2015年，财政部、国家税务总局和科技部发布《关于完善研究开发费用税前加计扣除政策的通知》（财税〔2015〕119号），放宽了企业研发费用加计扣除的适用范围，同时减少了研发费用加计扣除口径与高新企业认定研发费用归集口径的差异。此后在国家税务总局发布《关于企业研究开发费用税前加计扣除政策有关问题的公告》（2015年第97号），又进一步简化了研发费用的归集、核算和备案管理，让企业能够更好地享受到相关优惠。

2017年，财政部、国家税务总局和科技部发布《关于提高科技型中小企业研究开发费用税前加计扣除比例的通知》（财税〔2017〕34号）文件，将科技型中小企业研发费用加计扣除的比例提高到了75%。而在国家税务总局发布的《关于研发费用税前加计扣除归集范围有关问题的公告》中，又进一步明确了部分研发费用掌握口径。

上述一系列税收政策，规范了企业技术研发费用加计扣除的各个环节。企业在计算申报扣除时，只要遵循相关规定，就能有效避免税务问题的发生。

一般来说，在申报研发费用加计扣除时，常见的有以下税务风险问题。

1. 研发费用归集所带来的税务风险

在一些企业研发费用加计扣除的实践中，加计扣除的费用需要与研发项目存在一定的关联，而且研发费用的范围要归集在研发费用中。但研发费用在会计准则和税法规定中，形式上存在一定的差异，这就为研发费用加计扣除带来了一定的税务风险。

**应对措施：**企业研发费用加计扣除时，应该遵守税法规定，只有与企业研发活动直接相关，并且属于相关政策列举范围内的研发费用才能加计扣除。企业不能擅自改变研发费用归集范围，另外，企业还需要对研发项目实行辅助账管理。

2. 申报材料不足所带来的税务风险

高新技术企业想要享受研发费用加计扣除的优惠政策，就要保证申报材料的完整性。同时在备案中，也需要完好保存项目研发材料。当前，在大多数企业的项目管理中，立项管理的意识较为薄弱，这也是立项不规范问题频发的一个原因。此外，一些企业在立项管理过程中，缺少对项目内容和项目进度以及设备管理等工作的系统化梳理，从而导致在纳税申报时缺少必要的证明材料，最终无法享受加计扣除的政策优惠。

**应对措施：**高新技术企业开展技术研发时，应该在整个过程中做好项目材料的备案工作。同时将项目管理系统化、流程化，防止出现因项目材料不齐而使企业无法享受优惠政策的风险发生。

3. 项目研发流程混乱带来的风险

这种税务风险主要表现在企业研发部门和财务部门没有充分沟通，导致财务管理出现混乱的现象，从而影响了研发费用的使用。这种情况容易造成研发费用归集不准确、资料不充分的问题，为企业带来不必要的税务风险。

**应对措施：**构建规范化、系统化的企业研发费用管理机制是应对企业研发费用加计扣除税务风险的必要手段。为了保证企业研发费用加计扣除能够有效进行，应该制定相应制度来规范相关工作内容。通过管理制度的不断完善，来实现研发费用归集的有效确定，就可以更好地避免相应税务风险的发生。

## 16.3 广告费和业务宣传费的纳税风险防控

企业在广告费和业务宣传费税前扣除，主要面临的纳税风险是税前扣除适用范围，以及税前扣除比例的确定问题。常见的税务风险包括超出适用范围进行税前扣除以及没有按照规定比例进行扣除，这两种情况都会对企业造成一定的负面影响。

《中华人民共和国企业所得税法实施条例》规定，企业发生的符合条件的广告费和业务宣传费支出，除国务院财政、税务主管部门另有规定外，不超过当年销售（营业）收入15%的部分，准予扣除；超过部分，准予在以后纳税年度结转扣除。

这里所说的广告费是指企业通过一定媒介和形式，介绍和推销自己的商品或服务，刺激消费者购买，而支付给广告发布者和经营者的费用。业务宣传费则主要是指企业开展业务宣传活动需要支付的费用。

2017年5月27日，财政部和国家税务总局发布《关于广告费和业务宣传费支出税前扣除政策的通知》（财税〔2017〕41号），其中提到了广告费和业务宣传费税前扣除的三个方面问题。

**条款一：**对化妆品制造或销售、医药制造和饮料制造（不含酒类制造）企业发生的广告费和业务宣传费支出，不超过当年销售（营业）收入30%的部分，准予扣除；超过部分，准予在以后纳税年度结转扣除。

**风险解读：**化妆品制造和销售、医药制造和饮料制造企业对广告的依赖性强，广告费用支出也比较多。为了促进这三个行业的发展，财税〔2017〕41号文件，提高了这三类企业广告费和业务宣传费税前扣除的标准。适用比例从此前的15%上升为30%。这三类企业在进行税前扣除时应该特别注意，不要因为用错扣除比例而多缴税款。同时还需要注意，该规定在2020年12月31日终止。其他企业在进行税前扣除时，依然需要按照15%的比例进行扣除。



**条款二：** 对签订广告费和业务宣传费分摊协议（以下简称分摊协议）的关联企业，其中一方发生的不超过当年销售（营业）收入税前扣除限额比例内的广告费和业务宣传费支出可以在本企业扣除，也可以将其中的部分或全部按照分摊协议归集至另一方扣除。另一方在计算本企业广告费和业务宣传费支出企业所得税税前扣除限额时，可将按照上述办法归集至本企业的广告费和业务宣传费不计算在内。

**风险解读：** 该规定对于关联企业较多的大型企业集团十分有利，但在具体执行中，一定要明确几点问题，以防出现不必要的税务风险：首先，企业应该搞清楚税法对关联企业的规定；其次，要确定关联企业之间是否有广告宣传费分摊协议；然后，才可以根据分摊协议来自由选择是在本企业扣除，还是归集到另一方扣除；最后，还要注意总体的扣除限额不能超过规定的标准。

**条款三：** 烟草企业的烟草广告费和业务宣传费支出，一律不得在计算应纳税所得额时扣除。

**风险解读：** 由于《中华人民共和国广告法》对烟草广告有着严格的限制，在此前执行的广告费和业务宣传费规定中，也是规定烟草企业的广告宣传费不得扣除。因此，在该规定中，同样要求烟草生产企业和销售企业有关烟草的广告费和业务宣传费不得在税前扣除。相关企业应该注意这一点。

除了上述规定外，企业税务人员在进行广告宣传费税前扣除时，还应该掌握广告费所包含的内容。广告费计算扣除限额的基数包括主营业务收入、其他业务收入和视同销售收入，但不包含营业外收入和投资收益，在计算扣除限额时，要注意这一点。

## 16.4 业务招待费、会议费的纳税风险

企业在经营过程中，容易将业务招待费和会议费费用混淆。到了纳

税申报时，常常因为无法提供充分证据来证明两种费用的正常支出，而使得这两种费用无法税前扣除风险的发生。

业务招待费主要是企业为了联系业务等经常发生的业务而支付的招待费用。《中华人民共和国企业所得税法实施条例》第四十三条规定，企业发生的与生产经营活动有关的业务招待费支出，按照发生额的60%扣除，但最高不得超过当年销售（营业）收入的5‰。

企业在申报扣除业务招待费时，需要向税务机关提供相关证明材料，不能提供的，不得在税前扣除。相关证明材料包括支出金额、业务关系、招待时间和商业目的等。

业务招待费的具体范围，在财会制度和税法上都没有明确的规定。但在税务执法实践中，形成了业务招待费的一些具体范围，主要包括以下几种。

（1）因企业生产经营需要而宴请或工作餐的支出。

（2）因企业生产经营需要赠送纪念品的开支。

（3）因企业生产经营需要而发生的旅游景点参观费和交通费，以及其他费用的开支。

（4）因企业生产经营需要而发生的业务关系人员的差旅费开支。

在这里，企业应该将业务招待费和会议费严格区分开来，不能将业务招待费计入会议费之中。在一些具体实践中，由于会议费并没有税前扣除限额，所以一些企业会将部分业务招待费计入会议费项目中，也有一些企业的税务人员因为对相关费用范围认识不清，会出现将业务招待费用纳入会议费中的情况。

上述情况无论是有意还是无意，都已经违反了税法的相关规定，情节严重的还可能会承担刑事责任。这正是将业务招待费和会议费混淆在一起可能会发生的纳税风险。

**案例一：**

甲企业因为业务需要，决定在酒店安排一场会议。会计小王在统计会议费用时，将该次会议产生的餐费、住宿费和会议费统计在了一起，并要求酒店为其开具会议费发票。

在上述案例中，会计小王将该次会议产生的餐费、住宿费和会议费在企业所得税前列支到会议费之中是可以的，但由于餐费不能抵扣增值税，所以在开具发票时，必须要分开开具发票才行。

事实上，无论是酒店方主动开具发票，还是客户方要求开具发票，都不能将上面提到的三种内容混淆在一起，开具同一张发票。

除了费用之间混淆入账的风险外，业务招待费计算时，还有一些其他可能发生的涉税风险。

**案例二：**

王某是乙公司的部门经理，因为自身需要，个人购买了一套2万多元的健身器材。对于这笔支出，王某要求税务人员将其计入业务招待费中进行处理。

在上述案例中，王某购买的健身器材是自用，与公司的生产经营活动毫无关系，因此并不能在税前扣除。如果企业将与生产经营活动无关的业务招待费用与和生产经营活动有关的业务招待费用混淆在一起，很可能会被税务机关严查，从而使企业承担不必要的税务风险。

**案例三：**

丙公司因为业务需要，新近购买了两台笔记本电脑，并获得了增值税普通发票。该发票上虽然写明了丙公司的纳税人识别号，但在填写公司名称时，只填写了简称，而没有填写全称。

根据发票开具的相关规定，很显然，甲公司获得的发票是不符合规定的。虽然该费用确实可以计入企业的业务招待费之中，但由于企业获得的票据资料不符合规定，所以不能在税前扣除。

这一方面的风险主要来自企业业务招待费证明材料是否合规，合乎规定的票证材料可以证明业务招待费用确实存在，而不合乎规定的票证材料则没办法作为税前扣除的证明。

对于企业来说，在进行账目统计的时候，为了降低运营成本，大多数企业都想要通过多开发票来进行税前扣除，扣除得越多，也就意味着企业缴纳的所得税就越少。

需要注意的是，根据国家税收法规的相关规定，企业的有些费用是可以全额扣除的，有些费用只能限额扣除，而有些费用则不可以在税前扣除。企业在进行税前扣除时，应该首先搞清楚这些问题，错误扣除会给企业带来不必要的税务风险，企业也可能受到税务机关的严厉处罚。